U0596474

经济管理学术文库·管理类

礼物接收者对
过度包装礼物的评价研究

Gift-recipients' Evaluation of the Overpackaged Gifts

石海娇／著

经济管理出版社
ECONOMY & MANAGEMENT PUBLISHING HOUSE

图书在版编目（CIP）数据

礼物接收者对过度包装礼物的评价研究/石海娇著.—北京：经济管理出版社，2023.7
ISBN 978-7-5096-9158-8

Ⅰ.①礼…　Ⅱ.①石…　Ⅲ.①商品包装—评价—研究　Ⅳ.①F760.3

中国国家版本馆 CIP 数据核字（2023）第 142303 号

组稿编辑：张巧梅
责任编辑：张巧梅
责任印制：许　艳
责任校对：陈　颖

出版发行：经济管理出版社
　　　　　（北京市海淀区北蜂窝 8 号中雅大厦 A 座 11 层　100038）
网　　址：www. E-mp. com. cn
电　　话：（010）51915602
印　　刷：北京晨旭印刷厂
经　　销：新华书店
开　　本：720mm×1000mm/16
印　　张：12.25
字　　数：169 千字
版　　次：2023 年 8 月第 1 版　　2023 年 8 月第 1 次印刷
书　　号：ISBN 978-7-5096-9158-8
定　　价：88.00 元

·版权所有　翻印必究·

凡购本社图书，如有印装错误，由本社发行部负责调换。

联系地址：北京市海淀区北蜂窝 8 号中雅大厦 11 层

电话：（010）68022974　　邮编：100038

前　言

　　近年来在赠礼市场上，越来越多的赠礼者把过度包装的礼物作为赠礼的首选，然而学术界尚未有研究对礼物的过度包装问题进行过探索。本书试图从礼物接收者的视角去研究过度包装在礼物赠送领域所扮演的角色。通过九个实验，我们探索了礼物接收者对过度包装礼物如何进行评价及其内在的心理机制，此外我们还从情境（赠礼的场合）、关系（赠礼双方的亲密程度）、个体特质（礼物接收者的自我构念类型）以及礼物类型（稀缺的、定制化的和具有情感价值的礼物）多个角度对该效应的边界条件进行了界定。

　　首先，我们发现礼物接收者对过度包装礼物的态度消极、赞赏水平低。本质原因在于礼物接收者将过度包装作为判断礼物是否深思熟虑的首要线索，认为赠礼者在选择礼物时是通过包装做出的启发式捷径礼物购买决策，对礼物本身的选择不够深思熟虑。

　　其次，我们发现礼物赠送的场合、赠礼双方的亲密程度以及礼物接收者的自我构念类型能够调节礼物接收者对过度包装礼物的消极评价。当礼物赠送的场合为正式的仪式场合时，当赠礼双方的亲密程度较为疏远时，当礼物接收者的自我构念类型是互依型自我时，过度包装作为推断礼物是否深思熟虑的首要线索作用将被放大，礼物接收者认为在这些情境下对礼物本身的选择不够深思熟虑，所以对这类礼物的评价比较消极。

最后，我们发现当礼物本身的感知价值比较高时，礼物的感知价值会取代过度包装成为推断礼物是否深思熟虑的首要线索，礼物接收者会通过礼物本身较高的感知价值直接推断礼物本身的选择就是深思熟虑的，而包装在此时则起到提升礼物整体感知价值的附属作用，使礼物接收者觉得不但礼物本身的选择是深思熟虑的，就连礼物的包装也是精心挑选的，从而对该礼物的评价积极。我们通过引入稀缺性的礼物、定制化的礼物以及具有情感价值的礼物三种礼物类型对该推论进行了验证。

通过对以上问题的探索，我们构建了礼物接收者对过度包装礼物如何进行评价的整体研究框架，研究结论极大地充实了在礼物赠送领域关于过度包装的研究问题，并丰富了关于礼物赠送的相关研究成果，研究结论为企业如何设计礼物的包装提供了实践指导，同时也为个体消费者如何选择礼物提供了科学建议。

目　录

第1章 引言

1.1 研究背景

1.1.1 现实背景

礼物赠送是人类文化历史长河中重要的组成部分（Malinowski，1978），早在玛雅文化时代，人们就开始了物物交换式的礼物互换（Tourtellot Sabloff，1972），如今在各类购物狂欢中，礼物赠送仿佛成为一种生活的仪式，在世界各地的文化中发挥着重要的作用。中国自古以来就以礼仪之邦著称，人们崇尚"礼尚往来"。每逢佳节，人们常常通过赠送礼物来表达内心美好的祝福和愿望。随着人们生活水平的提升，近年来我国的礼品行业也呈现迅猛发展之势。2018 年我国礼品行业市场规模达 12204 亿元，同比 2017 年增长了 7.8%，2019年我国礼品行业市场规模已增长到 13510 亿元，同比增加 10.7%。由此看来，人们对于礼品的消费欲望在不断增长。但在不断增长的态势背后，我们不禁会思考，赠送礼物的人真的选对了礼物吗？真的把礼物送到礼物接收者的心坎里了吗?

每年都会有很多需要赠送礼物的场合,从春节到中秋节,从情人节到圣诞节,从生日到纪念日,再到被商家炒作出来的各类购物狂欢节,礼物赠送已然成为很多人维系社会关系的重要手段(Ruth et al.,1999;Sherry,1983;Chan Mogilner,2017)。然而面对如此众多的需要赠送的场合,最令礼物赠送者感到困惑的问题是:该送什么礼物?送什么礼物才能让礼物接收者感到满意?根据美国国家零售联合会的调查显示,40%~50%的美国人预计每年在自己送出的礼物中都会收到一份被退回的礼物,每年也会有1/3左右的人因为礼物赠送没有达到预期效果而选择再次赠礼(Gino Flynn,2011)。由此可见,虽然人们赠礼的初衷是美好的,很多人花费大量的时间和精力去挑选礼物,但现实的情况往往是礼物接收者在收到礼物后所感到的满意和惊喜程度大大低于赠礼者的预期。同时,面对众多需要赠礼的场合,频繁地挑选礼物让礼物赠送者感觉到很大的压力,这种压力既来自周围的社会环境也来自赠礼者内心极力地想选择一份完美的礼物,这种压力所导致的结果就是很多礼物赠送者在礼物的选择上力不从心,不得不敷衍了事,采取一些便于自己快速做出决策的礼物挑选方式。从营销的角度来讲,包装可以帮助礼物赠送者实现快速进行礼物选择的目的。因为包装是产品无声的销售员(Pilditch,1957),在消费者最终做出购买决策之前,包装是最先暴露给消费者的,是消费者用来直观判断产品好坏的依据(Orth et al.,2007)。所以在近年来的礼物市场上,为了迎合人们越来越多的赠礼需求,花样百出的包装盒层出不穷,包装盒也变得越来越大、越来越奢华、越来越"喧宾夺主",消费者在进行礼物选择的时候也往往被礼物奢华的过度包装所吸引。

礼物的过度包装问题在市场上屡见不鲜,2020年9月,上海市市场监督管理局对电商平台销售的饼干、化妆品、茶叶、月饼等商品进行包装计量监督抽查,结果发现,在所抽查的50批次商品中有12批次存在过度包装问题①。

---

① 资料来源:https://www.sohu.com/a/421833928_120058030.

以往在中秋节、春节等节日来临之际，漫步各大商场，我们可能就会看到很多商家纷纷将各种精美礼盒装的商品放在最为显眼的位置，这些礼盒包装看上去一个比一个漂亮、一个比一个奢华。如果打开包装盒一探内在产品的质量到底如何，我们就会发现大部分过度包装的礼品华而不实。就拿月饼来说，红木盒、精铁盒、高档纸盒、镶金盒、兽皮盒，各种天价月饼盒接踵而至，然而拆开这些盒子，剥掉绫罗绸缎的装饰后，很可能里面只剩下拳头大的两个月饼，更有甚者将一些质量低劣的月饼用豪华的材料进行包裹，以次充好，着实让人有"买椟还珠"之感。据调查，我国每年投放在月饼包装上的费用就高达 25亿元，月饼包装开销平均占到月饼生产成本的 30%以上①。此外，过度包装中使用大量的金属和塑料等材质也给环境造成很大的负担。既然过度包装既不利于产品质量的感知，也不利于环境的可持续发展，全社会都在倡导"厉行节约、反对浪费"，为何众多消费者还对过度包装的礼物趋之若鹜呢？我们认为原因可能有以下几个方面：第一，礼物赠送者可能觉得选择过度包装的礼物更有面子，包装越奢华越能体现礼物的贵重。第二，礼物赠送者错误地认为包装好的礼物，其质量肯定也好，将包装作为礼物质量和价值的信号。第三，礼物赠送者以包装作为主要的决策规则来减少礼物选择过程中所需投入的时间和精力等认知上的努力。以上的种种原因造就了过度包装礼物在市场上不但没有得到有效遏制，反而大行其道。

1.1.2 理论背景

与屡见不鲜的市场现象相比，学术界却鲜有研究对礼物过度包装的问题进行过探索，礼物接收者对过度包装礼物如何进行感知和评价也无从得知。

礼物赠送作为一种普遍存在的社会现象，已经在多个学科领域得到了学者们的关注（Belk Coon，1993；Komter，1996；Robben Verhallen，1994）。礼物

① 资料来源：http://news.eastday.com/eastday/news/node4472/node4511/node4823/userobject1ai550181.html.

赠送最基本的目标就是满足礼物接收者的偏好，选择那些能够最大化地使其感到高兴和喜悦的礼物（Otnes et al.，1993；Sherry 1983；Steffel et al.，2014）。但是要想实现这一目标，对礼物赠送者来说是一个巨大的挑战，原因有以下两个方面：一方面，礼物接收者和礼物赠送者对礼物的感知和评价往往存在严重的不对称性（Galak et al.，2016）。例如，礼物赠送者常常将关注点放在礼物交换的那个瞬间能否给礼物接收者带来惊喜，所以他们通常会选择那些特别具有吸引力的礼物，然而礼物接收者则会更多地关注在礼物使用过程中给其带来的体验，所以他们则会希望收到实用性强的礼物（Baskin et al.，2014）。又如，礼物赠送者认为选择礼物就要慷慨大方，礼物越贵越好，越贵的礼物才越能代表自己的诚意，但是礼物接收者却不在乎礼物花了多少钱，真正在乎的则是礼物赠送者在挑选礼物上是否真的花了心思（Flynn et al.，2009）。再如，即便礼物接收者对自己的偏好和喜欢的礼物提出了明确的要求，礼物赠送者觉得按照他们的要求选礼物虽然不需要花费很多努力，但是也不能凸显自己的诚意，所以常常按照自己的意愿去选择自己认为好的礼物（Gino et al.，2011）。由此可见，同样的一个礼物，从礼物赠送者和礼物接收者两个不同的角度去评价，往往会得到截然不同的效果。另一方面，人们在为自己做决策和在为他人做决策的时候存在很强的不一致性（Beisswanger et al.，2003；Garcia-Retamero et al.，2012）。例如，在为自己做决策的时候，消费者倾向于尽可能多地收集信息，通过对整体信息的系统分析和判断进行决策，而当为他人做决策的时候，消费者可能更倾向于依赖简单的启发式思维进行决策（Harkness et al.，1985），从而只关注那些对于决策最重要的信息源或表面的信息线索，而非把所有信息都纳入决策体系中进行权衡（Kray et al.，1999）。同时由于自己和他人的不一致性，礼物赠送者往往很难准确地推测礼物接收者的偏好，所以在进行礼物选择的时候往往以失败告终（Goodman et al.，2016）。综合以上两个方面我们可以发现，即便礼物赠送者赠礼的初衷是美好的，但礼物接收者对礼物的感知和评价才是决定礼物赠送是否成功的根本原因。

为了最大化地提升礼物接收者收到礼物时所感受到的喜悦，也让自己的赠礼行为显得特别有"心意"，以往关于礼物赠送的文献将研究重点更多地聚焦于礼物赠送者如何进行礼物的选择上。例如，赠礼者会权衡是选择贵的礼物还是便宜的礼物（Flynn et al.，2009），是选择体验型的礼物还是选择物质型的礼物（Chan et al.，2017；Goodman et al.，2018），是选择非常具有吸引力的礼物还是选择实用性强的礼物（Baskin et al.，2014），是选择个性化定制的礼物还是选择非个性化定制的礼物（Steffel et al.，2014），是选择礼物接收者提出过要求的礼物还是自己费尽心思挑选自认为好的礼物（Gino et al.，2011）。从这些研究中我们可以发现，先前的研究较多地关注了礼物本身的选择所带来的影响，然而鲜有研究探索礼物的包装在礼物赠送中所扮演的角色。

在消费者行为领域，关于礼物包装的研究只有两篇文章（Howard，1992；Rixom et al.，2020）。Howard（1992）的研究开启了关于礼物包装研究的先河，其通过研究发现，礼物需要包装，并且包装会积极地提升礼物接收者对礼物的态度。在此基础之上，Rixom 等（2020）研究了礼物接收者对礼物外包装整洁程度的评价，研究发现整洁精美的包装更能提升礼物接收者对礼物的积极评价。进一步地，关于过度包装的研究更是少之又少，研究的视角也多是从环境保护、可持续发展的角度出发探究怎样"去过度包装"（Elimination of Over-packaging）。例如，由于过度包装在能源消耗、环境污染等方面产生的影响，会让消费者觉得过度包装就是多余的，需要去除（Elgaaied-Gambier，2016）。去过度包装也会影响消费者对产品的质量、感知易用性和环境友好性的评价（Monnot et al.，2015）。由此可见，在消费者行为领域，尚未有研究触及礼物过度包装的问题。

本书将在以往相关研究的基础上，试图从礼物接收者的视角重点探讨礼物接收者对过度包装礼物的感知和评价。

1.2 研究问题和研究内容

1.2.1 研究问题的提出

在上一节中，我们通过对文献的梳理发现以往关于礼物过度包装的研究尚处于研究的起步阶段，本书旨在从礼物接收者的角度探索其对过度包装礼物的感知和评价。主要研究问题包含以下几个方面：

第一，礼物接收者如何对过度包装礼物进行感知和评价？评价是消极的还是积极的？

第二，礼物接收者对过度包装礼物感知和评价的内在心理机制是什么？

第三，哪些因素影响礼物接收者对过度包装礼物的评价？哪些因素导致礼物接收者对过度包装礼物的消极评价？哪些因素导致礼物接收者对过度包装礼物的积极评价？导致不同评价的原因是什么？

1.2.2 研究内容

针对以上的研究问题，我们将本书的主要研究内容分成以下几个部分：

首先，我们研究了礼物接收者对过度包装礼物的感知和评价，我们推测礼物接收者对过度包装礼物的评价消极。根据线索利用理论（Cue Utilization Theory），消费者会用产品外在的特征去推断产品内在的属性（Richardson et al.，1994）。包装作为产品重要的营销沟通工具，具有品牌沟通的功能（Hellström et al.，2011），也是产品营销沟通最重要的外在线索（Chuang et al.，2006）。以往的研究表明，包装的属性或特征如何影响消费者对包装内产品的评价取决于消费者被包装所激发并采用的启发式认知捷径（Heuristic Cognitive Shortcuts）

（Berkowitz，1987；Bloch，1995；Dichter，1964；Gordon et al.，1994；Yang et al.，2005）。当礼物接收者收到过度包装的礼物时，首先映入眼帘的即是礼物的包装，在不拆开包装之前，关于礼物的特征或属性暂时不能用来评判礼物是否称心如意，那么此时包装就成了最直接的可以用来对礼物进行评价的首要线索。即便礼物接收者通过包装可以了解一些产品的基本信息，但是如果这些信息不能够直观地证明礼物本身的价值，那么包装仍然是可用于对礼物进行评价的最直观、最首要的线索。礼物接收者通过该线索会认为赠礼者在挑选礼物时是根据包装而不是礼物本身进行的启发式便捷决策，决策过程是浮于包装表面的，不够审慎和深思熟虑，进一步地对过度包装礼物的评价消极。这种评价不仅包括礼物接收者对过度包装礼物的态度，也包括礼物接收者对过度包装礼物的赞赏程度。

其次，我们研究了礼物接收者对过度包装礼物消极评价背后的心理机制，我们推测对礼物深思熟虑（Thoughtfulness）程度的评价会中介礼物接收者对过度包装礼物的消极评价。在进行礼物赠送的时候，人们常说"心意最重要"（Thoughts Count）（Zhang et al.，2012），不管礼物是大是小，是贵重还是便宜，礼物作为载体所能表达出的心意才是最重要的。赠礼者选择过度包装的礼物是因为他们觉得包装越奢华，就越能造成礼物是贵重的、自己是花了心思的假象，但是礼物接收者却不会被这样的假象所蒙蔽。我们认为当礼物接收者收到过度包装的礼物时，会将包装作为礼物选择是否深思熟虑的首要信号，认为赠礼者是通过包装作出的便捷式的礼物选择决策，决策过程不够深思熟虑，礼物本身的选择也不够深思熟虑，所以对过度包装礼物的评价消极。

再次，我们研究了礼物接收者对过度包装礼物消极评价的边界条件，即哪些因素会放大或削弱礼物接收者对过度包装礼物的消极评价。在这一部分研究内容中，我们将主要探索三个调节变量，即礼物赠送的场合、礼物接收者和礼物赠送者之间关系的亲密程度、礼物接收者的自我构念类型以及对本书主效应的影响。依据以往文献对礼物赠送场合的划分方式（Larsen et al.，2001），我们把礼物赠送的场合划分为正式的仪式场合（Formal Ritual Occasions）和自发性的场合（Spontaneous Occasions）。我们认为在正式的仪式场合下，礼物接收者对过度包装礼物的消极评价被放大，而在自发性的赠礼场合下，礼物接收者对过度包装礼物的消极评价被削弱。因为在正式的仪式场合下，多数人是迫于压力而进行的赠礼（Larsen et al.，2001），为了减少礼物选择过程所需投入的认知努力，很多人会采取启发式的便捷决策，如通过包装来决定选择哪个礼物。同时礼物接收者在此场合下也极有可能是礼物赠送者，他们会较为容易地推测出礼物赠送者的赠礼压力，所以当他们自己收到过度包装的礼物时，就会轻而易举地推断礼物赠送者是通过包装作出的礼物购买决策，礼物本身的选择不够深思熟虑。相反在自发性的场合下，赠礼者是出于自发的目的进行的赠礼，而不是迫于压力进行的赠礼，礼物的选择会相对更加深思熟虑，所以在此场合下，礼物接收者对过度包装礼物的消极评价被削弱。此外，我们认为礼物接收者和礼物赠送者之间关系的亲密程度也会调节礼物接收者对过度包装礼物的消极评价，当二者的关系较为疏远时，礼物接收者对过度包装礼物的消极评价被放大；而当二者的关系较为亲密时，礼物接收者对过度包装礼物的消极评价被削弱。因为当二者的关系较为疏远时，礼物接收者不能很好地预测礼物赠送者赠礼的目的或动机，因此只能依靠一些较为直观的外在线索来形成对礼物的判断，那么此时礼物包装作为最主要的线索来推断礼物本身是否深思熟虑的线索作用将被放大。礼物接收者会下意识地认为这个关系较为疏远的朋友挑选礼物的时候是利用包装做的启发式捷径决策，就会认为礼物本身的选择不够深思熟虑，所以对该礼物的评价消极。相反，当二者的关系较为亲密时，礼物接收者能够较好地解读赠礼者的赠礼目的或动机，而不会以过度包装为首要信号来推断礼物的挑选是否深思熟虑，所以此时礼物接收者对过度包装礼物的消极评价被削弱。更进一步地，我们还发现礼物接收者自身的自我构念类型也会调节其对过度包装礼物的消极评价，具体来说，互依型自我的个体会较为敏锐地捕捉到包装和礼物之间紧密的联系，所以会倾向于用包装作为首要线索来推断礼物本身的选择是否深思熟虑，因此当他们收到过度包装的礼物时，会认为赠礼者是通过包装作出的礼物购买决策，礼物本身的选择不够深思熟虑。相反对于独立型自我的个体来说，他们倾向于把物体都当作互不相连的个体来看待，所以他们不会用包装去推断礼物的选择过程，那么此时包装所带来的负面作用也被削弱。

最后，我们还将探究在哪些情况下，礼物接收者对过度包装礼物的消极评价会被逆转。我们发现当礼物本身的感知价值比较高时，过度包装起到的则是"锦上添花"的作用。具体来讲，当礼物的感知价值比较高时，礼物接收者可以直接通过价值的感知来推断礼物的选择是否深思熟虑，所以礼物的价值就成了评判礼物本身是否深思熟虑的首要线索，而包装在此时就成为较为次级的线索，不再具有推断礼物是否深思熟虑的主导作用。但包装在此时也是具有一定的价值的，可以起到帮助提升礼物整体感知价值的附属作用（Larsen et al.，2001）。通过对文献的梳理，我们发现具有稀缺性、定制化和情感价值的产品通常被赋予较高的感知价值（Cialdini，2006；Givi et al.，2017；Yoo et al.，2016），所以我们主要从这三个方面探索了他们如何逆转礼物接收者对过度包装礼物的消极评价。我们发现当礼物是稀缺的、定制化的和具有情感价值的时候，礼物接收者会自然而然地认为礼物本身的价值是比较高的，因此他们就不会将过度包装认作礼物本身质量差、价值低的信号，那么过度包装被看作礼物质量差、价值低的刻板印象将被逆转（Elgaaied-Gambier，2016）。此外，此时的过度包装不光具有一定的内在价值，还为礼物整体感知价值的提升带来了一定的附加价值，让礼物接收者认为不仅礼物本身的选择是深思熟虑的，并且包装的选择也是深思熟虑的，进而对礼物整体的评价较高。相反地，当礼物接收者收到的礼物是非稀缺性的、非定制化的和不具有情感价值的时候，由于这些礼物不具有感知价值高的特点，因此这些礼物和一般意义上的礼物没有本质区别，礼物接收者仍然采用包装作为首要的线索来推断礼物的选择是否深思熟虑，所以礼物接收者对该类礼物的过度包装行为仍持有消极的评价。

综合以上的研究内容，我们认为礼物接收者对过度包装礼物的评价消极，并且对礼物深思熟虑程度的评价中介了该效应。本质原因在于过度包装是评判礼物不够深思熟虑的首要信号，但是当礼物价值作为首要信号取代过度包装的信号作用时，礼物接收者对过度包装礼物的消极评价将被逆转。

基于以上的研究问题和研究内容，我们绘制礼物接收者对过度包装礼物如何进行评价的总体研究框架如图 1-1 所示。

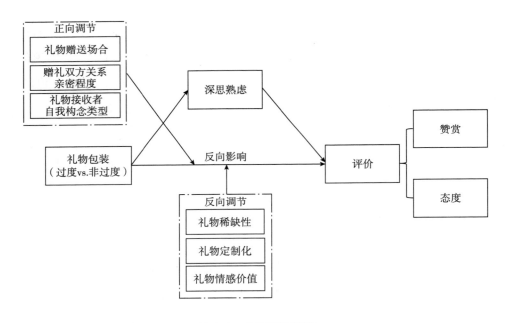

图 1-1　总体研究框架

1.3　研究方法

本书主要采用一个小样本调查和九个实验的方法对以上的研究问题和研究

内容进行验证。第一个小调查的目的是验证礼物过度包装现象存在的普遍性，实验 1a 和实验 1b 的主要目的是验证礼物接收者对过度包装礼物的消极评价，实验 2 的主要目的是验证该效应的中介机制，实验 3~实验 5 是为了验证礼物赠送场合、礼物赠送者和礼物接收者双方关系的亲密程度以及礼物接收者自我构念类型对本书主效应的正向调节作用，实验 6~实验 8 是为了验证礼物稀缺性、礼物定制化和礼物情感价值对本书主效应的负向调节作用。对于每个实验的设计、材料的选取、测量的变量和样本量等信息，汇总如表 1-1 所示。

表 1-1　研究方案汇总

研究内容	实验	实验目的	实验设计	实验材料	测量变量
	预调查	过度包装的普遍性	小样本调查	被试回忆	态度 赞赏
礼物接收者对过度包装礼物的消极评价	实验 1a	初步验证礼物接收者对过度包装礼物消极评价的主效应	2（角色：礼物接收者 vs 礼物赠送者；组间）×2（礼物包装：过度包装 vs 非过度包装；组内）的混合实验设计	红酒	选择性 态度 赞赏 感知价值 包装精美 操控检验
	实验 1b	再次验证礼物接收者对过度包装礼物消极评价的主效应	2（角色：礼物接收者 vs 礼物赠送者）×2（礼物包装：过度包装 vs 非过度包装）的组间实验设计	茶叶	态度 赞赏 感知价值 包装精美 操控检验
礼物接收者对过度包装礼物的消极评价背后的中介机制	实验 2	验证礼物接收者对过度包装礼物消极评价的中介机制	单因素（礼物包装：过度包装 vs 非过度包装）的组间实验设计	钢笔	态度 赞赏 深思熟虑 感知价值 包装精美 操控检验

续表

研究内容	实验	实验目的	实验设计	实验材料	测量变量
礼物接收者对过度包装礼物消极评价的调节作用	实验3	验证礼物赠送场合的调节作用	2（礼物包装：过度包装 vs 非过度包装）×2（礼物赠送场合：正式的仪式场合 vs 自发性的场合）的组间实验设计	钢笔	态度 赞赏 包装精美 操控检验
	实验4	验证礼物赠送者和礼物接收者关系亲密程度的调节作用	2（礼物包装：过度包装 vs 非过度包装）×2（关系亲密程度：关系疏远 vs 关系亲密）的组间实验设计	茶叶	态度 赞赏 关系亲密 期望 操控检验
	实验5	验证礼物接收者自我构念类型的调节作用	2（礼物包装：过度包装 vs 非过度包装）×连续变量（自我构念）的组间实验设计	红酒	态度 赞赏 自我构念 偏好 操控检验
礼物接收者对过度包装礼物积极评价的调节作用	实验6	验证礼物稀缺性的逆转作用	2（礼物包装：过度包装 vs 非过度包装）×2（礼物类型：稀缺性礼物 vs 流行性礼物）的组间实验设计	马克杯	态度 赞赏 感知价值 包装精美 操控检验
	实验7	验证礼物定制化的逆转作用	2（礼物包装：过度包装 vs 非过度包装）×2（礼物类型：定制化礼物 vs 非定制化礼物）的组间实验设计	红酒	态度 赞赏 感知价值 包装精美 偏好 操控检验
	实验8	验证礼物情感价值的逆转作用	2（礼物包装：过度包装 vs 非过度包装）×2（礼物类型：具有情感价值属性的礼物 vs 不具有情感价值属性的礼物）的组间实验设计	照片	态度 赞赏 感知价值 操控检验

值得注意的是，为了提升本书研究内容的内部效度和外部效度，我们从以下几方面做出了努力：首先，在实验材料的选取上，我们使用不同的过度包装礼物来对过度包装进行操控，包括红酒、茶叶、钢笔、马克杯、运动手表等，以期提升实验的外部效度。其次，所有本书中进行测量的量表均从已有文献中进行提取，保证了量表良好的内部效度。最后，在结果分析上，我们使用了ANOVA方差分析、Bootstrapping中介分析、Floodlight泛光灯分析，以及 Regression 回归分析等多种方法以确保研究结果的准确性。

1.4　本书结构安排

本书一共包含 6 章内容，具体每一章的内容如图 1-2 所示。

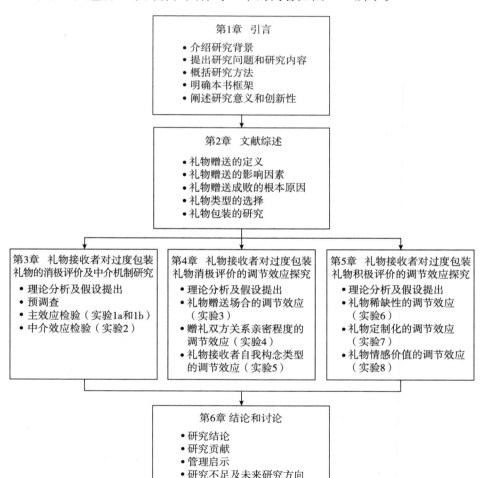

图 1-2　本书的结构安排

第 1 章为引言部分。在这一章内容中，我们首先对过度包装的市场现状进行了介绍，随后通过对相关文献背景的回顾提出了本书的研究问题和研究内容，阐述了具体的研究方法和研究框架，明确了研究的意义和创新性。

第 2 章为文献综述部分。我们首先对什么是礼物赠送的相关文献进行梳理，在此基础之上综述影响礼物赠送的相关因素，包括礼物赠送的动机、礼物赠送的场合、社会关系、权利、情绪和文化等方面。紧接着我们分析为什么多数礼物赠送行为常常以失败告终，原因分为两个方面：一是为自己决策和为他人决策的不一致性；二是礼物赠送者和礼物接收者对礼物感知的不对称性。为了达到礼物赠送的预期效果并最大化地满足接收者的偏好，我们又对以往研究中礼物赠送者怎样对礼物类型进行选择做了综述，通过这部分综述内容我们发现了以往研究的缺口，即礼物的过度包装问题。最后我们对礼物包装和礼物过度包装的相关研究进行了梳理，进一步为本书研究问题的创新性提供支撑。

第 3~5 章为本书的主体研究部分。第 3 章旨在解决本书的两个主要研究问题，即礼物接收者对过度包装礼物的评价如何以及背后的心理机制是什么。在这一章内容中，我们首先通过对相关文献的梳理提出了本书的主体假设，即礼物接收者对过度包装礼物的评价消极，并且对礼物深思熟虑程度的评价中介了该效应。接下来我们通过一个预调查、三个实验来验证上面的假设。预调查呈现了人们经常收到过度包装礼物的普遍现象，实验 1a 和实验 1b 分别通过组内和组间的实验设计对本书的主体假设进行了验证，实验 2 对中介机制进行了验证。

第 4 章主要探究礼物接收者对过度包装礼物消极评价的调节因素。首先，我们还是通过文献的梳理提出了该部分的三个假设内容，即礼物赠送的场合、礼物赠送者和礼物接收者之间关系的亲密程度和礼物接收者自我构念类型调节礼物接收者对过度包装礼物的消极评价。其次，我们通过三个实验来验证所提出的假设，实验 3 主要验证礼物赠送场合的调节作用，实验 4 主要验证赠礼双方关系亲密程度的调节作用，实验 5 主要验证礼物接收者自我构念类型的调节作用。

第 5 章主要探究礼物接收者对过度包装礼物积极评价的调节因素。首先，我们通过对文献的梳理提出礼物稀缺性、礼物定制化和礼物情感价值会逆转礼物接收者对过度包装礼物的消极评价。其次，还是通过三个实验来验证我们的推论，实验 6 主要验证礼物稀缺性的逆转作用，实验 7 主要验证礼物定制化的逆转作用，实验 8 主要验证礼物情感价值的逆转作用。

第 6 章为结论和讨论部分。我们对本书的研究结论、研究贡献、管理启示、研究不足及未来的研究方向进行了阐述。

1.5　研究创新性

本书的创新性主要包括以下几个方面：

首先，本书最主要的创新点在于探索了在礼物赠送领域礼物过度包装所扮演的角色，从礼物接收者的角度探索了其对过度包装礼物的感知和评价，并通过心理机制和边界条件的探索，搭建了礼物接收者对过度包装礼物评价的整体研究框架，研究结论将极大地丰富和拓展礼物包装尤其是礼物过度包装领域的相关研究成果。

其次，我们探索了礼物接收者对过度包装礼物感知和评价背后的心理机制，将礼物的过度包装和对礼物深思熟虑程度的评价建立了紧密的联系，在此基础上证实了过度包装起到衡量礼物是否深思熟虑的重要信号作用。

再次，我们检验了礼物接收者对过度包装礼物感知和评价的边界条件，创新性地提出了在不同的边界条件下礼物接收者对过度包装礼物的评价呈现完全相反的态势，本质原因在于包装是否作为评判礼物深思熟虑的首要线索。当包装作为判断礼物是否深思熟虑的首要线索时，礼物赠送的场合、赠礼双方的亲密程度以及礼物接收者的自我构念类型起到重要的调节作用，而当礼物的感知价值取代了包装的主导线索作用成为判断礼物是否深思熟虑的首要依据时，礼物本身的稀缺性、定制化程度和所具有的情感属性起到重要的调节作用。

最后，在这些边界条件的选取中，我们创新性地关注了以往研究中较少触及的变量，如礼物的稀缺性和礼物的情感价值。对这些礼物特征或属性的研究将极大地丰富和拓展了以往关于礼物类型选择的相关研究内容。

第 2 章　文献综述

本章的主要目的在于对已有礼物赠送的相关文献进行梳理，进而找到未被以往研究触及的研究缺口。首先我们对礼物赠送的定义、礼物赠送的影响因素等文献进行了综述，然后总结影响礼物赠送成败的本质原因，主要包括为自己和为他人决策的不一致性，以及礼物赠送者和礼物接收者对礼物感知的不一致性，基于以上原因，礼物赠送常常不能达到预期的效果就是因为礼物赠送者不能准确地推断礼物接收者的偏好。在总结了这些原因之后，我们对以往礼物赠送者都试图通过哪些礼物的选择来最大化地让礼物接收者感到满意进行了梳理。通过对这些相关文献的回顾，我们发现目前关于礼物赠送的研究都将重点放在了礼物本身、礼物赠送的过程和礼物赠送存在的社会环境上，而鲜有研究触及礼物包装，尤其是礼物过度包装的问题，这将成为本书的研究重点。

2.1　礼物赠送的定义

礼物赠送是普遍存在的社会参与行为（Belk，1979；Schwartz，1967；Sherry，1983）。它广泛地发生在亲朋好友之间，是节日和特殊场合传递祝福和表达心意的重要形式。目前关于礼物赠送的定义有狭义和广义之分。狭义的礼物赠送仅仅是指对于礼物的选择（江红艳等，2019；王细等，2020），而广义的礼物赠送是指一个连续的过程，包括礼物赠送的动机、礼物的选择、礼物赠送的过程、礼物赠送的结果以及礼物赠送后的影响（Sherry，1983）。根据 Sherry（1983）开发的礼物赠送过程模型（见图2-1），我们可以看到礼物赠送包含礼物、包装、礼物赠送者、礼物接收者、物质、情感、环境等诸多方面的因素，是一个复杂的统一体。本书借鉴 Davies 等（2010）对礼物赠送的定义，认为礼物赠送是礼物赠送者选择礼物赠予礼物接收者，其目的不是将来得到对方的回报，而是增强彼此的关系。

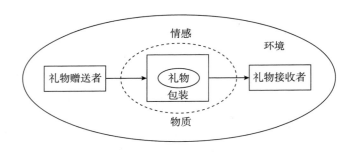

图2-1 礼物赠送过程模型

既然礼物赠送是一个社会交往的过程，那么对于礼物赠送者来说最大的挑战就在于如何准确地判断礼物接收者的偏好，进而选择满足其偏好的礼物（Baskin et al.，2014；Otnes et al.，1993）。以往的研究发现，礼物赠送者在挑选礼物时把选择礼物接收者最喜欢的礼物作为首要目标（Otnes et al.，1993；Sherry，1983；Steffel et al.，2014）。为了达到这个目标，礼物赠送者通常诱导礼物接收者表达自己对礼物的喜好，并观察礼物接收者的活动来推断他们想要的礼物类型（Belk，1996）。同时，礼物赠送者往往对如何选择合适的礼物感到焦虑（Wooten，2000），因为选择那些不受喜欢的、令人反感的或与礼物接收者喜好不一致的礼物有可能会给双方的人际关系带来负面的影响，如破坏彼此的关系（Sherry et al.，1993）。由此可见，礼物赠送不只是用合适的礼物准确地匹配礼物接收者的偏好，礼物赠送同时也兼具建立、发展、维系人际关系的功能（Belk，1979）。

2.2　礼物赠送的影响因素

2.2.1　礼物赠送的动机

以往的研究发现赠礼人的礼物赠送动机会严重地影响其赠礼行为（Babin et al.，2007；Othman et al.，2005；Sherry，1983）。因此学者开始尝试探索礼物赠送者持有的不同赠礼动机（Goodwin et al.，1990；Sherry，1983；Ward et al.，2016；Wolfinbarger et al.，1993；汤婷，2017），也就出现了多种划分礼物赠送动机的方式。Sherry（1983）将礼物赠送的动机划分为两类：利他动机和以自我为中心的动机。利他动机是指礼物赠送者想尽可能最大化地取悦礼物接收者，礼物赠送者可以通过选择接收者想要的礼物来实现此目的（Sherry，1983）。以自我为中心的动机是指礼物赠送者想要通过礼物体现自己的社会地位、权力或独特偏好等，所以受此类动机驱使的礼物赠送者往往会选择他们自己喜欢的或者他们自己想送的礼物（Sherry，1983）。除此之外，Ward 等（2016）也对礼物赠送动机进行了划分，他们把赠礼动机划分为利他动机和关系信号传递动机。这里的利他动机和 Sherry（1983）的定义相同，但是关系信号传递动机却不同于 Sherry（1983）的以自我为中心的动机。关系信号传递动机是指礼物赠送者想要通过礼物来展示自己有多了解礼物接收者，所以持有该种赠礼动机的礼物赠送者往往会选择那些能够彰显彼此关系的礼物。

也有学者将互惠的概念引入礼物赠送的动机中。Wolfinbarger 等（1993）将赠礼动机划分为三个维度：体验动机、实践动机和义务动机。体验动机是指礼物赠送者想要表达对礼物接收者的爱，实践动机是指礼物赠送者会挑选实用性强的礼物给礼物接收者。这两个动机和 Sherry（1983）的利他动机类似，都是礼物赠送者会更多地从礼物接收者的角度去挑选礼物。而也有一些礼物赠送者赠礼是出于他人的期望或者某种程度上互惠的考虑（Wolfinbarger et al.，1993），这种就被称作义务性赠礼动机。有此动机的礼物赠送者秉着互惠的原则想要通过礼物的赠送摆脱亏欠，因为之前礼物接收者也送过他们礼物。Goodwin 等（1990）还将赠礼动机划分为象征性信息动机和义务性动机。象征性信息动机是指礼物赠送者想要通过礼物来传达其和礼物接收者的关系，抑或赠礼双方的身份（Goodwin et al.，1990）。义务性动机也是对之前所收到礼物的回馈，与 Wolfinbarger 等（1993）的义务性动机相同。

国内的学者也尝试对礼物赠送动机进行划分，王细等（2020）将赠礼动机划分为个人主义动机、分离动机和善意动机。个人主义动机是指礼物赠送者想要最大程度地发挥礼物的效用，分离动机是指礼物赠送者想要远离礼物接收者，善意动机是指礼物赠送者出于善意的考虑使得礼物更能发挥价值。

从以上的文献中，我们可以看出关于礼物赠送动机的划分不尽相同，但不管是哪种划分方式，从本质上来讲都是在不同程度上对礼物赠送者意愿的表达（Kim et al.，2019），要么是彰显自己，要么是取悦对方，要么是关注彼此的关系。目前，较为主流的还是采用 Sherry（1983）对礼物赠送动机的划分。

2.2.2 礼物赠送的场合

提及礼物赠送，就不得不提到礼物赠送的场合，因为礼物赠送势必发生在不同的场合中。Antón 等（2014）将礼物赠送的场合划分为个人场合（Personal Situation）和商业场合（Commercial Situation）。商业场合是指大家都会赠送或者收到礼物的场合，如一些盛大的节日，春节、中秋节、情人节或者圣诞节等。在这些场合里，每个人对礼物都有所期待，因此礼物赠送者可能是出于社会的压力而进行的赠礼。相反地，个人场合是指礼物赠送者出于个人的目的进行赠礼，如生日、结婚纪念日和其他一些庆祝日等。在个人场合中，礼物赠送者可以自由地选择礼物，而不会感到那么大的社会压力（Antón et al.，2014）。Larsen 等（2001）把礼物赠送的场合划分为正式的仪式场合（Formal Ritual Occasions）和自发性场合（Spontaneous Occasions）。像生日、圣诞节、春节等属于正式的仪式场合，而自发性场合没有具体场景的限制，礼物赠送者可以随时出于自发的目的进行礼物赠送。Baskin 等（2014）也探究了人们在不同场合下对礼物的期待，研究发现人们在类似情人节的节日对礼物期待很高，然而在类似生日这样的场合对礼物反倒没什么期待。这种不同的期待也驱使礼物赠送者赠礼行为的不同（Baskin et al.，2014）。

通过对以上文献的梳理，我们发现不同的学者对赠礼场合的划分也是不同的，同一个场合可能会被划分到不同的种类里。比如，Antón 等（2014）将生日划分为个人场合，因为此时礼物赠送者较少地感觉到来自社会的赠礼压力，然而 Larsen 等（2001）却把生日划分为正式的仪式场合，此时礼物赠送是必须的、不可或缺的。产生这种分歧的本质原因在于以上的划分方式关注的均是场合本身，而没有考虑个人感知对其产生的影响。Kim 等（2019）基于消费者对于礼物赠送的义务性感知将以上不同的礼物场合划分方式进行了融合，他们指出，在自发性的场合中礼物赠送者没有义务性的压力进行自发性的赠礼，而在义务性的场合下礼物赠送者迫于义务性的压力被动进行赠礼。所以，如果从义务性动机或是从自发性动机的角度来解释，不同的赠礼场合划分分歧是可以被解决的。

2.2.3　社会关系

礼物赠送不可能脱离社会关系而发生。礼物赠送者和礼物接收者之间的关系是礼物赠送研究不可或缺的组成部分（Ruth et al.，1999），也对礼物赠送者的动机、礼物接收者的感知有着非常重要的影响（Caplow，1984；Cheal，1996；Otnes et al.，1993；Sherry，1983）。正是有这种社会关系的存在使得礼物赠送区别于其他的赠送行为（如慈善捐赠）（Fischer et al.，1996）。Sherry（1983）将礼物赠送描述为礼物赠送者和礼物接收者之间社会联结的重要反应，礼物赠送者可能会选择那些能够暗示彼此关系亲近程度的礼物，如投入大量的时间、精力和金钱来选择礼物，所有这些资源的投入不仅仅是为了取悦礼物接收者，更带有社交的信号，表明礼物赠送者重视彼此的关系，了解礼物接收者的偏好（Prendergast et al.，2001）。从礼物赠送的动机中，我们也可以看出礼物赠送也兼具着促进、维系、发展社会关系的功能（Belk，1979；Schwartz，1967）。Malinowski（1978）甚至称带有社会关系的赠礼行为才是真正的、纯粹的赠礼。

礼物各个层面的特征都能侧面地反映赠礼双方的关系（Shurmer，1971）。赠礼双方的关系可以被划分为以下几种：情侣或夫妻、父母和孩子、祖父母和孩子、兄弟姐妹、朋友、远房亲戚和商业合作伙伴等（Areni et al.，1998；Dorsch et al.，1994；Sherry et al.，1993）。礼物的选择需要在成本、场合和类型等诸多方面与对应的关系相匹配，否则赠礼的体验会带来令人失望的结果（Belk et al.，1993；Rubin，1973）。正如 Belk 等（1993）所提到的，礼物赠送者清晰地识别和礼物接收者之间关系的投入程度、关系的远近、关系的持续时间是非常重要的，过多的投入反而会给礼物接收者造成压力甚至威胁，所以礼物赠送也要做到适可而止。

以往已有研究探讨了社会关系对礼物赠送所产生的影响（Sherry，1983；Joy，2001；Goodwin et al.，1990；Rugimbana et al.，2003；Wolfinbarger et al.，1993）。例如，Chan 等（2017）的研究认为体验型的礼物相比物质型的礼物更有利于增强和巩固社会关系，因为体验型的礼物能够唤起更加积极的情绪，这种积极的情绪能成为增进彼此关系的利器。Ward 等（2011）认为，当人们给关系亲近的人选择礼物时，人们倾向于选择和自身身份相悖的礼物，由此会产生相应的身份威胁感，这种威胁感将会在未来的消费行为中得到弥补。Ward 等（2016）进一步研究了礼物赠送者如何平衡自己和礼物接收者之间的喜好，进而选择对的礼物来实现提升彼此关系的目的，研究发现当给关系较为亲近的人赠送礼物时，人们倾向于选择那些能够彰显彼此关系、拉近彼此距离的礼物，而不是单纯地选择满足礼物接收者偏好的礼物。Rim 等（2019）的研究表明，可行性强的礼物相比吸引力强的礼物更能拉近礼物赠送者和礼物接收者之间的心理距离。在国内也有很多学者的研究证实了选择合适的礼物可以起到拉近彼此关系、增强感情的作用（毕振威，2013；陈艺妮等，2014；蒋廉雄等，2007；邵衡，2018；叶生洪等，2016；张源雄，2011；钟琦，2018）。

2.2.4　其他礼物赠送的影响因素

除了上面提到的动机、场合、社会关系外，权力、情绪、文化等因素也会对礼物赠送产生影响（Rugimbana et al.，2003；Septianto et al.，2020；Choi et al.，2018；江红艳等，2019）。权力会对消费者决策和判断的诸多方面产生影响（Rucker et al.，2012），包括对礼物赠送行为的影响（Septianto et al.，2020）。高权力的人会过多地强调自我的重要性（Galinsky et al.，2006；Gruenfeld et al.，2008；Rucker et al.，2011），把他人当作实现自我目标的工具（Gruenfeld et al.，2008），并从他人那里索取物质来满足自己的物质产出（Dubois et al.，2015），更为突出的是他们愿意给自己花更多的钱而不愿意把钱花在别人身上（Rucker et al.，2016）。所以他们在礼物赠送的时候会更多地受到利己动机的驱动，来选择那些能够显示自己权力地位的礼物；相反，权力低的人由于他们过多地依赖周围的社会关系，所以他们在选择礼物的时候会选择那些能够促进彼此关系的礼物（Septianto et al.，2020）。

情绪也是礼物赠送的过程中非常重要的影响因素之一（Belk，1976；Sherry，1983）。礼物赠送的决策过程其实也包含着复杂的情绪（Pillai et al.，2019），所以无论是在礼物赠送前还是在礼物赠送的过程中所产生的情绪都会影响到礼物赠送的效果（Algoe et al.，2008；Ruth，1996；Ruth et al.，2004），同时在不同的礼物赠送阶段，情绪也是不一样的（Ruth，1996），礼物赠送者和礼物接收者都有可能经历快乐、沮丧、焦虑、感激等情绪（Otnes et al.，1996；Ruth et al.，1999），甚至礼物赠送者对礼物接收者收到礼物后的情绪期待都会影响赠礼行为（Taute et al.，2015；Yang et al.，2018）。Pillai 等（2019）的研究表明人们对自己和他人情绪的理解会影响人们对礼物的消费，那些能够很好地解读别人情绪的人，愿意花费更多的钱在礼物上。Chan 等（2017）探究了何种类型的礼物会带来更浓厚的情绪，结果表明体验型的礼物相比物质型的礼物更能激发人们的积极情绪。

文化在礼物赠送决策中也扮演着重要的角色（Beatty et al.，1991；Mauss，1954；Park，1998）。礼物赠送是一个多维度的社会行为，它不仅受到礼物交换动机的驱使，也受到文化习俗中固有的社会利益的驱使（Beatty et al.，1991）。Mauss（1954）通过对不同国家的调查发现礼物赠送是深深根植于文化中的社会现象。受到不同国家之间文化差异的影响，每个国家人们的礼物赠送行为也会有所差异，如在中国人们强调"礼尚往来"，所以多数礼物赠送行为都会受到这个价值观的影响，然而在一些西方国家就不会出现这种现象（Joy，2001）。又如，在一些文化因素中，团体认同很重要，如果别人都送礼物而你不送，那么你就会感到深深的焦虑（Park，1998），相反有些文化则认为礼物赠送要更多地遵从内心而不要过多地受到其他外在因素的影响（Rugimbana et al.，2003）。虽然文化在礼物赠送中起着不可忽视的作用，但是目前在消费者行为领域，关于文化对礼物赠送所产生影响的研究还比较少，未来的研究应该予以充分的关注（Hill et al.，1996；Yang et al.，2015）。

2.3 礼物赠送成败的根本原因

2.3.1 为自己决策和为他人决策的不一致性

人类的生活依存于周遭的社会环境，人们除了需要为自己做决策，还需要为他人做决策。例如，消费者为过生日的朋友选择生日礼物、为共进晚餐的同伴选择餐厅、为配偶选择结婚纪念日礼物、为孩子选择每日所需的餐食等。无论是理论界还是学术界都越来越意识到了解消费者如何为别人做选择的重要性。在消费行为领域，探究消费者为别人做选择的相关文献也逐渐兴起（Beisswanger et al.，2003；Garcia-Retamero et al.，2012；Jonas et al.，2005；Kray，2000；Laran，2010；Lu et al.，2013；Polman 2010，2012a，2012b；Polman et al.，2011；Pronin et al.，2008；Stone et al.，2008；Stone et al.，2002；Ubel et al.，2011；Zikmund-Fisher et al.，2006；白琳，2012；王海忠等，2012）。通过对这些文献的梳理，我们发现消费者在为自己做决策和在为他人做决策的时候存在很强的不一致性（Beisswanger et al.，2003；Garcia-Retamero et al.，2012）。例如，消费者在做不同决策时个体的投入程度不同，为自己做决策时，消费者倾向于更多地收集信息、整理信息，通过系统的判断进行决策，而当为他人做决策的时候，消费者更倾向于依赖简单的启发式思维进行决策（Harkness et al.，1985）。类似地，消费者在为自己做决策的时候倾向于更全面地考虑信息的来源和内容，从系统观的角度进行决策，相反为他人做决策时，消费者可能只关注对于决策最重要的信息源，而非全面系统地把所有信息都纳入决策体系（Kray et al.，1999）。除此之外，相比为自己做决策，消费者更有可能会怂恿他人尝试风险决策（Beisswanger et al.，2003；Stone et al.，

2008；Wray et al.，2005），因为消费者通常预测他人比自己更倾向于风险偏好（Hsee et al.，1997；Krishnamurthy et al.，2002；Siegrist et al.，2002）。人们也喜欢为他人选择纵情消费的产品（Laran，2010）、极具吸引力的产品（Lu et al.，2013）、更具有创造性的产品（Polman et al.，2011）。综上所述，我们可以看到消费者在为自己做决策和为他人做决策的时候会采取完全不同的策略，其经历的心理过程不同，进而最后的决策结果也不同。

在为别人做决策的研究领域，Liu 等（2019）通过选择者的社交焦点和选择者对消费偏好的考虑两个维度，将为他人做决策分为 4 种类型（见图 2-2）。其中第一个矩阵对应的就是礼物赠送，即本书的关注重点。从选择者的社会焦点来看，礼物赠送的情境将关注点聚焦在礼物赠送者和礼物接收者彼此的关系上（Belk，1979，1996；Camerer，1988；Lowrey et al.，2004；Otnes et al.，1993；Ruth et al.，1999；Schwartz，1967；Sherry，1983），从选择者对消费偏好的考虑来看，礼物赠送的情境需要强调礼物接收者的偏好（Galak et al.，2016）。

		选择者的社会焦点	
		关系	接收者
选择者对偏好的考虑	强调接收者的偏好	礼物赠送	日常帮忙
	平衡接收者和选择者的偏好	联合消费	看护

图 2-2　为他人决策的分类框架

资料来源：Liu 等（2019）的研究。

从社会关系的角度来看，礼物赠送是消费者创造、维系、加强和表达社会关系的主要途径之一（Camerer，1988；Otnes et al.，1993；Ruth et al.，1999；Sherry，1983）。因此，在礼物赠送的情境下礼物所表达出的关系信号尤为重要。礼物赠送者通常将花在礼物上的金钱和挑选礼物的时间（Caplow，1984；

Lowrey et al.，2004）、礼物的独特性（Goodman et al.，2018）、使用礼物的可行性（Rim et al.，2019）作为自己和礼物接收者的关系信号。同时，为了达到维系或增强彼此关系的目的，礼物赠送者通常会考虑礼物对彼此关系的影响（Chan et al.，2017）以及所选择的礼物是否适合彼此之间的关系（Goodman et al.，2018；Lowrey et al.，2004）。所以从社会关系的角度来讲，送对礼物才能增进彼此的关系。

从强调礼物接收者偏好的角度来讲，礼物赠送的黄金原则就是要最大化地使礼物接收者满意。尽管人们赠送礼物的初衷都是美好的，现实的情况往往是，礼物赠送者常常不能使礼物接收者对其所收到的礼物感到十分满意。究其本质原因在于，礼物赠送者不能正确地推断礼物接收者的偏好（Fagerlin et al.，2001；Krueger，2008；Marette et al.，2016；Pronin et al.，2008；Zhang et al.，2009）。因为自己和他人是完全不同的、独立存在的个体，所以为了尽可能地取悦礼物接收者，就要求礼物赠送者从礼物接收者的角度去考虑该怎样选择礼物（Zhang et al.，2012）。如果单纯地以礼物赠送者为中心，选择其喜欢的礼物，而不顾礼物接收者的消费偏好，即便挑选礼物投入了很多的时间和金钱，也不能使礼物接收者感到高兴，且送礼的效果也是徒劳的（Epley et al.，2004）。但想要准确地推断礼物接收者的偏好也是非常困难的，因为只有在极少数的情况下礼物赠送者才能知晓礼物接收者的偏好，抑或礼物接收者明确提出过自己的偏好或想要的礼物，很多时候礼物接收者的偏好仍然是未知的，礼物赠送者只能猜测接收者的偏好，这种猜测的结果就是礼物赠送者对接收者的偏好预测失败，所选择的礼物不能取得接收者的欢心（Baskin et al.，2014；Goodman et al.，2016）。

综合以上的研究，我们可以发现，因为自我和他人的不一致性，礼物赠送者很难推断礼物接收者的偏好，所以在进行礼物选择的时候往往以失败告终。除此之外，礼物赠送者和礼物接收者对礼物感知的偏差也会造成礼物赠送的效果不尽如人意。下面我们将具体探讨礼物赠送者和礼物接收者双方在礼物感知和评价上的差异。

2.3.2　礼物赠送者和礼物接收者对礼物感知的偏差

从上一节的文献综述内容中我们可以发现人们经常错误地预测或判断别人的偏好（Hsee et al.，1997），这种由于自我和他人的不一致性而产生的误判广泛发生在礼物赠送领域。除了自我和他人之间的差异外，还有一个因素也会影响礼物选择的效果，即礼物赠送者和礼物接收者双方对礼物感知的不一致性（Adam et al.，2012；Teigen et al.，2005；李开云等，2020；王思杰，2018）。这种感知偏差产生的原因可能是因为礼物赠送者和礼物接收者的视角不同，人们通常高估别人对自己的感受和态度的认同感（Ross et al.，1977），并且在预测或推断别人的偏好时过多地关注自己的经验（Epley et al.，2002；Savitsky et al.，2001）。

具体来讲，在评估一个礼物时，礼物赠送者倾向于强调礼物不同方面的特质或者选择礼物的过程（Flynn et al.，2009；Gino et al.，2011；Steffel et al.，2014），如注重选择礼物投入的成本和时间、礼物的独特性，并且特别关注礼物交换的瞬间给礼物接收者带来的喜悦。相反地，接收礼物的人则更多地关注礼物在使用过程中所带来的价值，即使用这个礼物所带来的结果，而较少地关注礼物是谁送的，赠送礼物的目的是什么（Cavanaugh et al.，2015）。所以，礼物赠送者和礼物接收者对礼物的感知和评价存在不一致性。礼物赠送者有可能认为，礼物接收者在拿到并打开礼物的时候能让其感到高兴、愉悦、惊喜或者感动的礼物就是有价值的礼物，然而礼物接收者则会通过后续的使用，从使用相关的功能角度来评判礼物的价值。

通过对已有文献的梳理，我们借鉴 Galak 等（2016）的综述性文章将礼物赠送者和礼物接收者之间关于礼物感知和评判的不一致性划分为以下三类：第一，关于礼物感知和评价的偏差；第二，礼物赠送者的感知和评价偏差；第三，礼物接收者的感知和评价偏差。

第一，关于礼物感知和评价的偏差（Galak et al.，2016）。对于赠送礼物的人来说，一份"好的礼物"应该是极具吸引力的、非常诱人的。所以，即便礼物接收者倾向于收到实用性较强的礼物（Baskin et al.，2014），礼物赠送者还是通常会选择那些有趣的、不太实用的或者质量较高但是易用性较低的礼物（Williams et al.，2017）。有研究表明，出现这种现象的原因是礼物赠送者从宏观层面进行考虑，然而礼物接收者则从较为具体的微观层面进行考量（Baskin et al.，2014）。当礼物赠送者选择了一个非常诱人、极具吸引力的礼物时，他们一定是希望礼物接收者在打开礼物的那个瞬间被礼物深深地吸引，且喜出望外。然而，礼物接收者是礼物的实际使用者，他会更多地关心使用礼物的过程中所带来的体验，并非仅仅在于收到礼物的那个瞬间。因此，有关送礼物是应该注重外表的光鲜亮丽还是注重内在的实用性方面，礼物赠送者和礼物接收者之间存在感知和评价的偏差。另外，关于礼物是否应该带来及时的享乐体验二者也存在感知上的偏差。礼物赠送者通常会选择那些在打开的瞬间让人赏心悦目、心情愉悦的礼物，如一小束盛开的玫瑰胜过一大束含苞待放的玫瑰花骨朵（Yang et al.，2015）。然而，礼物接收者则更期待收到高质量的礼物以便长久使用而不是以短暂的享乐作为代价。再有，礼物赠送者通常会选择物质性的礼物，如手机或者水杯，然而礼物接收者更期待从礼物中获得享乐和幸福，如一顿丰盛浪漫的晚餐（Goodman，2014）。综合以上几方面，我们可以看出礼物赠送者和礼物接收者二者在对礼物的感知与评价上是存在偏差的。

　　第二，礼物赠送者的感知和评价偏差，即礼物赠送者单方面地想最大化地讨好礼物接收者（Galak et al.，2016）。礼物赠送者通常认为他们在选择礼物的时候所花费的时间、精力和金钱能够体现他们对礼物选择所花费的心思，进而能够表达自己满满的诚意。其中的一个做法就是给礼物接收者一个大大的惊喜，所以礼物赠送者会精心挑选他们认为最好的礼物，但是礼物接收者却更愿意收到他们提出过要求的礼物，因为他们认为这样的礼物才更有心意（Gino et al.，2011）。产生这种偏差的原因在于礼物赠送者认为选择礼物接收者提出过要求的礼物，虽然决策便捷，不需要花费很多的时间和精力进行挑选，也能完美地匹配礼物接收者的偏好，但是这种便捷决策的方式并不能表达自己的诚意，只有经过自己精心挑选的礼物才能证明其中花费的心思和深思熟虑程度。另外，礼物赠送者认为选择礼物就要慷慨大方，礼物越贵越好，越贵的礼物才越能代表自己的心意，但是礼物接收者却不这样认为（Flynn et al.，2009）。综上所述，礼物赠送者常常从自己的角度出发来选择礼物，以期最大化地表达自己在选择礼物上所花费的心思和礼物赠送的诚意。如果礼物赠送者能够平衡自己和他人的偏好，同时尽量站在礼物接收者的角度去考虑问题，将有助于偏差的缩小。

第三，礼物接收者的感知和评价偏差，即接收礼物的人不能正确地猜测或推断赠送礼物的人想通过礼物所表达的内在含义和想法（Galak et al.，2016）。赠送礼物的人通常会通过礼物来表达自己的一些想法，如想要表达对礼物接收者的了解，或用礼物传达彼此关系的远近等。但是礼物接收者不一定能够感同身受地领会到这种想法，或者说并不为此买单，那么礼物接收者就体会不到礼物赠送者选择礼物所花费的心思。有时候礼物赠送者会选择给礼物接收者量身定制的礼物，如送一张礼物接收者最喜欢的店铺的礼品卡供其消费使用，但是礼物接收者可能更想得到一张能适用所有店铺的礼品卡。虽然此时礼物赠送者关注的是礼物接收者独特的偏好，选择送特别的礼物想彰显自己在挑选礼物上所花费的心思（Steffel et al.，2014），然而礼物接收者却期望收到能满足自己多样化需求的礼物（Steffel et al.，2015）。所以定制化的礼物虽然好，在一定程度上能体现礼物赠送者的诚意，但是未必能送进礼物接收者的心坎里。再者，从礼物所体现的礼物双方的关系上来讲，礼物赠送者期望通过礼物来拉近彼此的距离，尤其对于陌生的朋友。有研究表明礼物赠送者会以礼物接收者的名义为慈善机构捐款来作为礼物送给对方，礼物赠送者认为这样的礼物一方面会得到礼物接收者极高的赞赏并能够增进彼此的关系，最重要的是也有益于社会发展（Cavanaugh et al.，2015）。但是礼物接收者并不能很好地揣测礼物赠送者的心意，也并不认为这种亲社会行为的礼物是"好的礼物"，因为它既没有提升使用体验，也没有传统礼物来得实在。

由以上几方面差异可以看出，礼物接收者对礼物的评价标准难以捉摸，与礼物赠送者对礼物的评价标准极为不同。虽然礼物赠送者的初衷是想要表达自己美好的愿望和祝福，但是想要做到真正选择合适的、受礼物接收者喜欢的礼物还是极为困难的。因此，选择什么样的礼物才能把礼物送到礼物接收者的心坎里成为礼物赠送研究的重要问题。

2.4　礼物类型的选择

以往有丰富的研究来探讨礼物赠送者该选择何种类型的礼物来达到既能讨好礼物接收者，也能增强彼此关系的目的（Flynn et al.，2009；Gino et al.，2011；Kupor et al.，2017；Waldfogel，1993；Zhang et al.，2012）。这些研究主要检验了礼物特征或者礼物类型对礼物接收者感激程度的影响，包括礼物是请求性的还是非请求性的（Bradford et al.，2013；Gino et al.，2011；Ward et al.，2011），礼物是贵的还是便宜的（Flynn et al.，2009），礼物是奢侈品还是非奢侈品（Gunasti et al.，2018），礼物是物质型的还是体验型的（Chan et al.，2017；Goodman et al.，2018；Van Boven et al.，2003），礼物是定制化的还是非定制化的（Steffel et al.，2014），礼物是完整的还是不完整的（Kupor et al.，2017），礼物是社会责任性的还是非社会责任性的（Cavanaugh et al.，2015），礼物是具有感情价值的还是只用表面属性满足礼物接收者偏好的（Givi et al.，2017）等。

Gino 等（2011）认为，当礼物接收者收到他们明确提出要求的礼物时，会特别感激礼物赠送者，然而礼物赠送者觉得那些没被提出请求的、自己精心挑选的礼物更能代表自己的心意。Flynn 等（2009）研究发现礼物赠送者期望他们在买礼物的时候花费得越多，接收礼物的人就越高兴，因为他们认为越贵的礼物能够传递更强的诚意和心愿。Gunasti 等（2018）研究表明礼物赠送者喜欢送奢侈品品牌的礼品卡，然而礼物接收者却倾向于希望收到非奢侈品品牌的礼品卡。Goodman 等（2018）研究发现礼物赠送者在给关系亲近的人送礼物的时候倾向于选择体验型的礼物，因为体验型礼物比物质型礼物能够带来更多的独特感知，选择体验型的礼物需要礼物赠送者对礼物接收者的偏好有特别明确的认知和了解，这样才能避免由礼物选择的不匹配带来的社交风险。Steffel 等（2014）研究证实了给多个人选择礼物的时候，礼物赠送者将会非常注重礼物的个性化，他们会给每个礼物接收者选择不同的礼物，通过这种个性化的选择来突出自己的用心程度，然而遗憾的是，礼物接收者却不能准确地解读礼物中所包含的心思。Kupor 等（2017）进一步发现礼物赠送者低估了不完整礼物所传达的价值，因为他们觉得选择不完整的礼物是对礼物赠送社会规范的违背，然而礼物接收者却不这样认为。Cavanaugh 等（2015）探究了以礼物接收者的名义进行慈善捐赠，然后将其作为礼物送给礼物接收者后，礼物接收者会较为感激，但是礼物赠送者却低估了礼物接收者的这一积极态度。Givi 等（2017）研究了礼物赠送者对富有情感价值礼物的选择偏好，结果发现相比那些富有情感价值的礼物，礼物赠送者则更倾向于选择能够利用礼物的表面属性来迎合礼物接收者偏好的礼物，因为礼物赠送者不确定什么才是富有情感价值的礼物。Baskin 等（2014）将解释水平引入礼物赠送的情境中，探讨了礼物赠送者和礼物接收者如何在不同的解释水平下对礼物进行感知，他们发现礼物赠送者会较为抽象地去构建所送的礼物，进而较为关注礼物的吸引力层面，而礼物接收者则会较为具体地去构建所收到的礼物，进而较为关注礼物的实用性层面。Williams 等（2017）检验了礼物赠送者和礼物接收者对享乐型礼物和功能型礼物的偏好，结果表明礼物赠送者倾向于选择享乐型的礼物，而礼物接收者可能更喜欢功能型的礼物。另外，人们进行礼物赠送通常都是挑选自认为最好的礼物，但是出于自私的考虑，礼物赠送者也会避免选择那些自己已经拥有的礼物，因为选择这些礼物会削弱自身独特性的感知，所以为了维护自我的身份不受到威胁，礼物赠送者会选择那些自己没有的物品作为礼物（Givi et al.，2019），然而礼物接收者对那些和礼物赠送者身份特征一致的礼物表现出更多的喜欢和赞赏（Paolacci et al.，2015）。

从以上的研究中我们可以看出，以往关于礼物赠送的研究过多地关注了礼物本身、礼物赠送的过程和礼物赠送存在的社会环境，但是作为礼物重要组成部分的包装却很少被人提及。下面我们将重点综述关于礼物包装的研究内容。

2.5 礼物包装的研究

2.5.1 礼物包装的一般性研究

礼物的包装艺术已经存在了几个世纪，Hallmark 被认为是创造现在包装行业的鼻祖（Spencer，2017）。在 20 世纪初期的美国，礼物通常被包在纸巾或者牛皮纸里。而中国的礼物包装文化则源远流长，古代就有"楚人卖其珠于郑者，为木兰之柜，熏以桂椒，缀以珠玉，饰以玫瑰，辑以翡翠"，这段话可以侧面反映出在古代人们就已经开始知道礼物包装的重要性了。在美国，每年人们都要花费超过 32 亿美元在礼物包装上（Husted，2015）。而在中国，也有越来越多的人在赠送礼物的时候选择对礼物进行精心包装，来表达自己美好的祝愿以及在礼物选择上所花费的心思。

产品的包装兼具技术和营销的功能（Prendergast et al.，1996）。从技术的角度来讲，包装的存在是为了使产品在运输或存储的过程中免受损害（Stewart, 1995)。从营销的角度来讲，包装也是无声的销售员（Pilditch, 1957）。在消费者购买产品之前，包装是最先暴露给消费者的，以便其直观地判断产品的好坏（Orth et al., 2007），所以包装是能够影响消费者购买决策的（Ampuero et al., 2006；Wigley et al., 2009）。同样地，当包装的对象是礼物而不是一般意义上的商品时，包装的保护作用也会发生本质的变化，此时的包装已经成为礼物的一部分，能够对礼物的价值产生影响（郭智勇，2006；王姣，2018）。

那么礼物到底要不要包装呢？答案是肯定的。Howard（1992）的研究发现大多数人认为在他们收到礼物时倾向于期待礼物是带有包装的。Hendry（1993）也定义了一些礼物为什么需要包装。第一，包装会带来惊喜。诚然礼物是礼物接收者首要关注的焦点，但是包装有可能会强化礼物接收者打开礼物时的喜悦程度。礼物包装也可以是人们用来制造惊喜的有效手段（Belk，1996；Sherry et al., 1993），如果礼物的包装做得好，可以实现增强礼物赠送体验的效果，通过包装制造潜在的惊喜使礼物交换的过程变得更加难忘，也会使礼物接收者赞叹这一礼物赠送的计划，即便是特别普通或者不太重要的礼物通过包装带来的惊喜也会变得非常珍贵（Areni et al., 1998）。第二，包装可以提供礼物赠送场合的线索，不同的场合适用不同的包装（Hendry，1993）。例如，在一个婴儿出生时，礼物适合采用带有婴儿图像的包装，而在圣诞节，包装上可能会出现耶稣、圣诞老人、铃铛或者小鹿的图像。所以包装有助于介绍节日的主题或者帮助礼物赠送过程仪式感的代入。第三，包装还有利于礼物赠送者表达自己的独特品位，或者他们认为的礼物接收者的品位（Hendry，1993）。这种品位的表达可以通过包装材料的选择来实现，因为礼物包装材料的选择可能会暗含赠礼双方关系的微妙信息，例如，一个豪华的包装上面有层层叠叠的小装饰，可以表达出礼物赠送者深深的敬意或爱意。与精美包装的礼物相比，那些不带包装的"赤裸裸"的礼物就显得有些寒酸了，尤其是在礼物赠送逐渐成为一种社交礼仪、社交仪式的背景下，不带包装的礼物可能会被礼物接收者解读为赠礼者不愿在彼此的关系中进行过多的投入，以及不重视彼此的关系（Larsen et al.，2001）。

此外，礼物的价值也会受到包装或礼物呈现方式的影响（Larsen et al.，2001）。精美包装的美学价值也是赠礼体验的关键。也许某一个具体的礼物可能会很容易被遗忘，但是经过精心包装的礼物却很容易唤起人们的美好记忆（Sherry et al.，1993），如一份精心包装过的结婚纪念日礼物肯定会让你终生难忘。包装也会影响人们对礼物的满意程度，超出预期的礼物肯定会让礼物接收者感到高兴和欣喜，但是如果再给该礼物赋予精美包装的话，那么包装一定会对礼物起到锦上添花的作用。由此可见，包装不仅可以增加礼物的附加价值，其本身也是具有一定的内在价值的（Larsen et al.，2001）。

包装固然重要，但是早期关于包装的研究过多地停留在产品包装的层面，关注产品包装的设计或包装的特征（Cheskin，1971；Faison，1961，1962；Schucker，1959），包括包装如何作为一种营销沟通的工具（Hellström et al.，2011；Lincoln，1965），以及包装怎样影响产品的评价（Banks，1950；Brown，1958；McDaniel et al.，1977；Miaoulis et al.，1978）等。此外，还有研究将包装和其他外在产品信息，如价格或品牌名字进行组合并探究其对产品质量感知的影响（Bonner et al.，1985；Rigaux-Bricmont，1982；Stokes，1985），还有研究检验了包装的道德问题（Bone et al.，1992，2000），也探讨了包装大小（Wansink，1996）和包装视觉元素（Garber et al.，2000；Schoormans et al.，1997；Raghubir et al.，1999）所带来的影响。然而近年来在营销领域，特别是在消费者行为研究领域，关于礼物包装的研究可以说是少之又少。现有关于礼物赠送的研究也多是关注礼物的功能或者礼物交换的过程，却很少触及礼物的包装问题（Joy，2001；Belk，1979；Cheal，2015；Sherry，1983）。Howard（1992）的研究算是一个例外，其研究开启了关于礼物包装研究的先河，他的研究发现人们都强烈认同礼物需要包装，并且包装会使礼物看起来更像礼物，经过包装的礼物可以激发人们对于欢乐的礼物赠送场景的美好回忆，同时也能积极地提升礼物接收者对礼物的积极态度。该研究为后续礼物包装的相关研究奠定了扎实而坚定的基础。在此基础之上，Rixom 等（2020）研究了礼物外包装的整洁程度对消费者感知的影响，研究发现整洁精美的包装更能提升礼物接收者对礼物的积极评价。因为此时的包装就是一个礼物价值的信号，礼物接收者试图通过这个信号来评判礼物是否符合自己的预期。此外，Cheng 等（2020）研究了怎样给挑剔的人选择礼物，其中一个技巧就是好好"打扮打扮"礼物。国内学者官欣悦等（2020）从礼物内包装的角度探究了包装的设计对消费者感官体验的影响。从上面的研究中我们可以发现，目前关于礼物包装的研究尚处于起步阶段，都是集中在礼物的外包装（Wrapping）上，而对礼物本身的包装（Package）却很少关注。进一步地，关于礼物过度包装的问题更是一个尚未被充分开发的领域。本书将在礼物、礼物赠送和包装等相关研究的基础之上，重点探讨礼物的过度包装问题，以揭示礼物接收者对过度包装礼物的感知和评价。

2.5.2 礼物过度包装的研究

目前学术界尚未有明确的对于过度包装的定义（Elgaaied – Gambier，2016）。"过度包装"一词源于 Package 和 Over 前缀的组合。后者是指过度的、不必要的东西。所以，以往的研究指出过度包装这个词描述的就是产品被包裹在比需要的材料更多的包装材料中（Elgaaied–Gambier，2016；Georgakoudis et al.，2020）。提及包装我们通常需要区分最基础的两种包装类型：初级包装和次级包装（Elgaaied–Gambier，2016）。初级包装是指首先用来包裹商品的材料，它通常直接和商品接触。次级包装是主要商品之外的包装容器，用于把不同的初级包装组合在一起。过度包装就是将初级或次级包装进行过分的放大。李飞等（2018）将过度包装描述为一个单位的产品常常采取 10 个单位的包装材料。所以，当产品在包装上的投入和产品内在的价格之比或者产品与包装的体积之比超过了人们的习惯认知的时候，我们就认为商品存在过度包装的问题。由此我们可以对过度包装进行初步的定义。从某种程度上来讲，过度包装就是那些耗材多、分量重、体积远远大于产品本身的体积，并且装饰奢华、成本较高的包装。所以从本质上来讲，过度包装就是包装本身超出了保护产品的功能性需求，给消费者带来一种有名无实的感觉（沈黎明，2004）。值得注意的是，本书研究的过度包装（Overpackaging）是产品本身的外包装，而不是为了使产品更加精美，对产品本身的包装再次进行装扮（Wrapping），如在礼品店为礼物包裹上精美的包装纸、包装袋等（Howard，1992；Rixom et al.，2020）。

因为包装对地球的土壤和水资源都存在迫害（Schwepker et al.，1991），可想而知过度包装所使用的材料将会给环境造成多大的负担。以往关于过度包装的研究主要聚焦在如何"去过度包装"，包括改善包装的结构（如大小、形状等）、改善包装所使用的材料（如使用可降解、可循环使用的材料等）和提升包装的重复利用率（Magnier et al.，2015；Magnier et al.，2015）等方面。Lu 等（2020）从政府层面、企业层面和个人层面具体地提出了一些抵制过度包装的措施。Elgaaied-Gambier 等（2018）通过研究发现采用一些描述性的社会规范策略能有效地降低过度包装。

也有少数研究探讨了过度包装对消费者的影响，认为过度包装提供了一些营销的功能，如在消费者购买的过程中，过度包装具有可视化程度高、吸引力强、为产品提供一些信息等方面的功能，而不是单纯地实现包装本身保护、包裹产品的功能（Monnot et al.，2015）。同时，由于过度包装在能源消耗、环境污染方面产生的影响，会让消费者觉得过度包装就是多余的（Elgaaied-Gambier，2016）。Elgaaied-Gambier（2016）的研究也探讨了消费者对过度包装产品的感知和内在的心理机制，发现消费者更喜欢那些非过度包装的产品，因为非过度包装的产品能传递更高的产品质量信号。但是一味地消除过度包装也会带来负面的影响，如对于一些小众的自有品牌就不利于消除过度包装，因为过度包装的消除同样也会降低人们对感知质量和感知易用性的评价，进而降低购买意向（Monnot et al.，2015），同时该不该去过度包装也取决于消费者的环保意识（Monnot et al.，2019）。

从以上的研究中我们可以看出对于商品过度包装的研究尚未形成体系，在礼物赠送领域，更是少有研究提及礼物过度包装的问题，基于此，本书旨在将过度包装的相关研究扩展到礼物赠送情境下，进一步探讨礼物接收者对礼物过度包装问题的感知和评价。

2.6　本章小结

综合以上几方面的文献综述内容，我们可以看出对于"什么是好的礼物"以及"什么是对的礼物"，礼物赠送者和礼物接收者存在严重的认知偏差，不管在对礼物接收者偏好的推断方面，还是在礼物赠送者和礼物接收者双方对礼物的感知评价方面，想要礼物赠送者把礼物真正送到礼物接收者的心坎里已然成了巨大的挑战。但是我们不可避免地要对该问题进行研究，所以从礼物接收者的角度去更多地探讨他们对礼物的感知显得尤为重要。

另外，现有大量的文献对礼物赠送问题的研究多停留在礼物本身的选择、礼物双方的特质、礼物赠送存在的环境等方面上。这些研究问题固然重要，但是作为礼物赠送不可缺少的组成部分——礼物的包装，却鲜有人进行探究。从礼物赠送的消费环境来看，为了增加礼物赠送的仪式感，越来越多的人在进行礼物赠送的时候会选择那些奢华的包装。所以，为了更好地探索在礼物赠送领域礼物过度包装的问题，本书将重点研究礼物接收者对过度包装礼物的感知和评价，这也是本书最主要的贡献所在。

第3章 礼物接收者对过度包装礼物的消极评价及中介机制研究

　　本章我们旨在第2章文献综述的基础上，提出本书的主体假设，并通过三个实验验证所提出的假设。基于对礼物赠送者决策规则的判断，我们认为礼物接收者并不喜欢收到过度包装的礼物，因为礼物接收者会将礼物的过度包装作为首要线索来推断赠礼者挑选礼物时是依赖包装作出的启发式便捷决策，而不是审慎的、深思熟虑的决策。所以，相比非过度包装礼物，礼物接收者对过度包装礼物的态度和赞赏程度低，礼物接收者对礼物深思熟虑程度的评价中介了该效应。

　　本章的章节安排如下，第1节我们通过对文献的梳理提出礼物接收者对过度包装礼物态度消极的假设，第2节利用预调查来验证礼物过度包装现象存在的普遍性，第3节~第5节报告了三个实验来验证礼物接收者对过度包装礼物的消极态度和中介机制，第6节为本章小结。

3.1 假设提出

基于第 2 章的文献综述内容，我们已经发现，以往关于礼物赠送的研究已经开始探究礼物接收者如何评价不同类型的礼物，即礼物接收者对不同类型礼物的赞赏水平有何差异（Flynn et al.，2009；Gino et al.，2011；Waldfogel，1993；Zhang et al.，2012）。例如，尽管赠礼者觉得贵的礼物更能得到礼物接收者的赞赏，但是礼物接收者却觉得贵的和不贵的礼物没有差别（Flynn et al.，2009），并且礼物接收者其实并不在意礼物的货币价值（Waldfogel，1993）。当给多个礼物接收者选择礼物时，赠礼者试图通过了解每个礼物接收者的独特兴趣来分别选择个性化的礼物，赠礼者认为这样做才能提升礼物接收者对礼物的赞赏程度，然而礼物接收者对此却不以为然（Steffel et al.，2014）。所以即便赠礼者很努力地想要让自己选择的礼物看起来很花心思，但最终的结果往往是选择了那些礼物接收者并不喜欢的礼物。因此，礼物接收者如何感知和评价所收到的礼物，就成为礼物赠送成败的关键。

那么对于过度包装的礼物来说，礼物接收者又会有什么样的感知呢？面对越来越多的人在赠礼的时候选择过度包装的礼物，礼物接收者真的"买账"吗？

线索利用理论（Cue Utilization Theory）认为，消费者倾向于使用外在的线索作为产品质量的评价标准（Richardson et al.，1994），这种情况通常发生在以下三个情形中：第一，消费者对产品不熟悉；第二，消费者没有足够的机会去评价产品的内在属性；第三，消费者不能对产品的内在属性作出充分评价（Zeithaml，1988）。我们认为包装作为重要的产品外在线索也有助于消费者对产品的判断。包装除了具有保护产品的功能外，还兼具品牌沟通的功能

（Hellström et al.，2011），也是产品营销沟通最重要的外在线索（Chung et al.，2006）。这些外在的线索或属性就可以帮助消费者评估产品的内在属性（Olson et al.，1972）。例如，产品包装的颜色蕴含着可以直接影响产品评价的重要信息，Dichter（1964）的研究指出，棕色的包装与味道浓郁的咖啡相关联，蓝色的包装与味道较淡的咖啡相关联，而黄色的包装代表咖啡的口味最温和。同样还是咖啡，Gordon 等（1994）认为深蓝色的包装代表口味最为浓郁且质量较高。关于包装的研究还检验了包装形状所带来的影响。包装的形状既可以影响人们划分产品种类的方式（Berkowitz，1987；Bloch，1995），而且还能影响人们对于产品质量的感知（Berkowitz，1987；Schoormans et al.，1997）。Yang 等（2005）认为，较轻的包装对感知容量有积极的正向影响，而对消费者最终决定购买的数量有消极的负向影响。除此之外，包装上的图片对产品感知也有影响，如在包装上包含一个图片会提升产品的预期口感（Underwood et al.，2002）。

从以上的研究中，我们可以得到这样的结论，包装的属性或特征如何影响消费者对包装内产品的评价取决于消费者被包装所激发并采用的启发式认知捷径（Heuristic Cognitive Shortcuts）。认知捷径是指消费者为了简化认知决策过程、减少认知努力的投入所形成的一种决策的捷径。在消费者面对复杂的情境，并需要短时间内进行决策的时候，他们会倾向于使用一些认知捷径的决策路径来降低认识上需要投入的努力（Payne et al.，1988）。在判断、决策和态度领域，启发式认知捷径的使用已经成为比较重要的研究问题（Drolet et al.，2009）。以 Simon（1957）关于边界理性的研究为基础，学者们已经开始检验不同的启发式类型（Simple Rules and Shortcuts）对消费者决策的影响（Bettman et al.，1998），以往研究也发现了个体认知差异还有情境因素会影响消费者对启发式的运用（Drolet et al.，2009）。Cialdini（1993）强调人们需要启发式，因为我们存在于一个极其复杂的环境中，我们不能对每天面对的每一种情境都进行理智的分析，所以我们常常需要用启发式来代替系统的、深思熟虑的决策。

对于过度包装的礼物来讲，当礼物接收者收到礼物时，最先映入眼帘的就是这个礼物的外包装。不管包装里面装的是什么，此时的过度包装已然成为礼物接收者第一时间能够使用的进行无意识判断过程的最直接视觉要素（Mueller et al.，2010）。所以，根据线索利用理论，我们认为礼物接收者会以过度包装为首要线索和信号来推断礼物赠送者在挑选礼物的过程中所投入的努力。此时礼物接收者会认为赠礼者在挑选礼物的时候是通过包装而不是产品本身进行的礼物购买决策，决策的过程是流于包装表面的，是利用包装进行的启发式的便捷决策，而不是审慎的、深思熟虑的决策。又由于过度包装通常让消费者形成过度包装就是产品质量差的刻板印象（Elgaaied-Gambier，2016）。所以我们认为礼物接收者对过度包装礼物的评价较低。这种评价包括对礼物的态度评价和对礼物赞赏程度的评价。基于以上分析，我们提出以下假设：

H1：礼物接收者对过度包装礼物（vs 非过度包装礼物）的评价消极（vs 积极）。

H1a：相比非过度包装礼物，礼物接收者对过度包装礼物的赞赏程度低。

H1b：相比非过度包装礼物，礼物接收者对过度包装礼物的态度消极。

在进行礼物赠送时，人们常说"心意最重要"（Zhang et al.，2012），这句话可以表明礼物中所蕴含的感情或情意可能比礼物本身的价值还重要。但是礼物本身是否有"心意"，一方面取决于赠礼者花了多少心思在挑选礼物上，那些赠礼者投入了大量的时间和精力去精心地、深思熟虑地挑选出来的礼物，大多是要比漫不经心挑选的礼物更值得让礼物接收者赞赏。另一方面还要依赖于礼物接收者是否能够正确解读其中所花费的心思。在礼物赠送领域，已经有一些文献研究了礼物接收者如何解读所收到的礼物中包含的"心意"（Flynn et al.，2009；Gino et al.，2011；Steffel et al.，2014）。例如，为了体现自己挑选礼物的"心意"，礼物赠送者不会选择赠送那些被礼物接收者明确提出过要求的礼物，因为他们认为直接按照这个要求选择礼物是便捷的决策方式，抵不过自己精心挑选的礼物富有"心意"，但礼物接收者并不认为这是有"心意"的表现（Gino et al.，2011）。当礼物接收者是多个人的时候，为了最大化地体现赠礼的深思熟虑程度和"心意",礼物赠送者会研究每个礼物接收者的独特偏好,然后为每一个礼物接收者选择一份定制化的礼物,但是礼物接收者仿佛感觉不到其中所花费的心思(Steffel et al.,2014)。礼物赠送者还认为礼物的价格能够代表自己的"心意",礼物的价格越高,越能承载赠礼人在挑选礼物时所花费的心思和对彼此关系的重视程度,然而礼物接收者却认为能够体现"心意"的是礼物本身而不是价格(Flynn et al.,2009)。

所以,由以上的文献可以看出,以往关于礼物赠送的研究证实了价格或者挑选礼物时所投入的努力和花费的心思可以作为礼物是否能体现出深思熟虑的信号(Flynn et al.,2009),在此基础上我们认为包装也是一个可以反映赠礼者是否精心挑选礼物的重要信号。对于过度包装的礼物来讲,礼物接收者会将其解读为赠礼者选择礼物是通过包装进行的便捷决策,所以决策过程不是深思熟虑的,进而推断礼物本身的选择也不是深思熟虑的,是浮于包装表面的。由此,我们假设对礼物深思熟虑程度的判断中介礼物接收者对过度包装礼物的消极评价。下面是我们的假设:

H2:礼物的深思熟虑程度中介礼物接收者对过度包装礼物的态度和赞赏程度。具体来讲,礼物接收者认为过度包装礼物(vs 非过度包装礼物)降低(vs 提升)礼物的深思熟虑程度,进而降低(vs 提升)其对礼物态度和赞赏程度的评价。

我们将以上的假设内容绘制如图 3-1 所示。

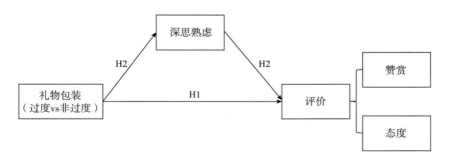

图 3-1　过度包装礼物对礼物接收者态度和赞赏程度的影响及其中介机制

3.2　预调查

在进行正式的实验之前，我们先进行了一次预调查，本次预调查的目的是证实礼物过度包装现象存在的普遍性，即用较小的样本证实多数人在日常生活中都会收到过度包装的礼物。

3.2.1　预调查流程

我们选取问卷星作为数据收集的平台，本次预调查共发放 117 份问卷，回收 117 份，回收率为 100%。样本平均年龄为 27.02 岁，36.7% 男性被试。

首先我们先让被试回答"您过去是否有收到过过度包装的礼物?"，如果被试选择"是"，接下来我们让这部分被试尽可能地在头脑中完整地呈现他/她所收到的这个过度包装的礼物，并且细致、具体地描述这是什么礼物、什么时候收到的、谁送的、包装是什么样子的、包装有多大、包装耗材多不多、包装奢不奢华、礼物本身所占包装的空间大小等方面的内容。然后把这些内容都详细地写下来。相反，如果被试选择的是"否"，那么接下来我们会让这部分被试回忆最近一次收到礼物的场景，并尽可能地在头脑中完整地呈现他/她收到的这个礼物，同时也细致、具体地描述这是什么礼物、礼物的大小、礼物的颜色、礼物的形状、什么时候收到的礼物、谁送的、包装是什么样子的、包装精美不精美等内容。

在描述过后，我们要求被试对他们所收到的礼物进行态度的评价。借鉴产品态度评价的测量量表（Chae et al.，2013；Holland et al.，2003；Muehling，1987；Perkins et al.，2012），我们采用了 4 个题项对礼物态度进行测量，这 4 个题项分别是不满意的 vs 满意的、消极的 vs 积极的、坏的 vs 好的、不喜欢的

vs 喜欢的，被试均从 7 点尺度量表对 4 个题项进行回答。此外被试还报告了他们收到礼物后对礼物的赞赏程度，赞赏程度的测量同样采用 4 个题项（Flynn et al.，2009）："您在多大程度上赞赏该礼物？您在多大程度上对该礼物感到感激？您在多大程度上对该礼物感到感谢？您在多大程度上对收到该礼物感到高兴？"这 4 个题项也采用 7 点尺度量表，1 为一点也不赞赏/感激/感谢/高兴，7 为非常赞赏/感激/感谢/高兴。最后我们要求被试报告自己的性别和年龄，在每个被试领取了被试奖励后，该调查结束。

3.2.2　预调查结果

在回收的 117 份问卷中，其中收到过过度包装礼物的有 77 人，占到总人数的 65.8%。由此可见，礼物的过度包装现象在现实生活中非常常见。仔细分析被试描述的所收到的过度包装的礼物，我们发现，大多数礼物本身所占包装空间比较小，而包装所占体积比较大。以下我们挑选了几段被试的描述：

"被试 4，男，24 岁——茶叶，某年 5 月朋友送的 500 克五星毛尖王，外包装是一个密码箱，内装 50 克乘 10 的小金属罐，比起茶叶质量茶叶外包装很是奢华，但产品本身并不是那么好，一般般，本身占据空间很小，但是外包装占据很大空间。"

"被试 13，男，26 岁——天价月饼，大约 10 年前的某个中秋节，应该是关系不太近的父母的朋友送的一个大盒子月饼，里面就装了 12 枚月饼，每一枚月饼都有纸盒独立包装，纸盒上还带篆体文字，装饰空间上月饼只占很小一部分，包装耗材很多、很奢华，我觉得只是为了吃月饼，把月饼本身包装成这样完全没有必要。"

"被试 29，男，40 岁——收到的礼物是一支笔，包装非常精美，首先是放在一个精美的手提袋里，笔的盒子外面又有礼物包装纸和缎带扎成的蝴蝶结，包装的耗材比较多，相对于一支笔而言外部的包装就显得过于奢华和过度了。"

"被试 95，女，26 岁——好朋友送我的口红，包装盒是一个黑色的硬盒，四四方方大概有一个纸巾盒那么大，是纸质的包装盒，盒子里面有一支口红和很多填充的细小的纸带，口红本身所占包装的空间很小，那么大的盒子就装一支口红感觉有点浪费。"

在进行方差分析之前，我们首先对态度的 4 个题项进行了拟合程度的分析，结果发现 4 个题项 Cronbach's Alpha 值为 0.954，这证明该 4 个题项拟合程度较好，我们将它们进行平均化计算形成我们的主要因变量：对礼物的态度。另外我们还对赞赏程度的 4 个题项进行了拟合程度的分析，结果表明这 4 个题项的拟合程度也较好（$\alpha = 0.927$），同样地，我们也将它们平均化计算形成我们第二个因变量：对礼物的赞赏。从被试对所收到礼物的态度来看，收到过度包装礼物的被试对其所收到礼物的态度要显著低于收到非过度包装礼物的被试对其礼物的态度（M = 4.11，SD = 1.49 vs M = 5.21，SD = 0.88，F（1，114）= 18.29，p<0.001）。当我们采用赞赏作为因变量时，我们也发现了过度包装的主效应，即收到过度包装礼物的被试对其所收到礼物的赞赏程度要显著低于收到非过度包装礼物的被试对其礼物的赞赏程度（M = 4.49，SD = 1.49 vs M = 6.18，SD = 1.05，F（1，114）= 6.71，p = 0.01）。由此结果我们可以发现虽然礼物过度包装的现象很常见，但是礼物的接收者对这种过度包装的礼物态度评价消极，赞赏程度低。

3.3　实验 1a

实验 1a 的主要目的是初步验证本书的主假设，即礼物接收者对过度包装礼物的消极态度，同时我们也想在一定程度上呈现礼物接收者和礼物赠送者对过度包装礼物态度的不对称性，即礼物赠送者在选择礼物时，倾向于选择过度包装的礼物，而礼物接收者则不想收到过度包装的礼物。

3.3.1　实验设计和流程

本实验共在问卷星上付费招募 221 名被试，样本平均年龄为 34.66 岁，男性样本占到 35.7%。为了验证礼物接收者和赠送者对过度包装礼物感知的不对称性，本实验采用 2（角色：礼物接收者 vs 礼物赠送者；组间）×2（礼物包装：过度包装 vs 非过度包装；组内）的混合实验设计，被试被随机分配到礼物接收者或者礼物赠送者的不同角色中，然后被试同时会看到两个礼物，一是过度包装的，二是非过度包装的。

被分配到礼物接收者角色的被试，首先我们让被试们想象，在刚刚过去的他们的生日中，有两个朋友给他们送了两款红酒。被分配到礼物赠送者角色的被试，我们则让他们想象他们的一位朋友快过生日了，他们打算送这位朋友一瓶红酒，经过一番搜索，他们把目标锁定在了两款红酒上。接下来，我们给被试呈现关于两款红酒的描述，所有被试都会同时看到关于两款红酒的所有描述。从描述中被试得知，这两款红酒体积相同、总价格（含包装）相同、产地相同、年份相同、口感类似，但是包装却完全不同。通过这样的操控，我们期望将两款红酒的基本信息控制一致，这样能够控制被试对这些方面的差异化感知，进而操控两款红酒唯一不同之处是它们的包装。紧接着我们就对两款红酒的包装进行了操控。被试被告知红酒 A 仅使用一个大小适中的、简单的牛皮纸袋子作为包装，红酒 B 却使用了一个体积较大、耗材较多、包装较奢华的木头盒子作为包装（见图 3-2）。

接下来，礼物赠送组的被试分别回答选择红酒 A 和红酒 B 作为礼物的可能性。"作为赠送礼物的人，您会在多大程度上选择红酒 A？"和"作为赠送礼物的人，您会在多大程度上选择红酒 B？"两个问题均采用 7 点尺度量表，1 为非常不可能，7 为非常可能。然后，礼物接收组的被试分别回答收到红酒 A 和红酒 B 后对两种红酒的赞赏程度，测量量表同预调查。礼物赠送组的被试也同样回答了该问题，只不过他们是推测礼物接收者会在多大程度上赞赏所收到

红酒A	红酒B
750毫升	750毫升
总价格（含包装）：198元	总价格（含包装）：198元
产地：××	产地：××
年份：2010年	年份：2010年

图 3-2　实验 1a 使用的实验材料

的礼物。"您在多大程度上推测礼物接收者会赞赏该礼物？您在多大程度上推测礼物接收者会对该礼物感到感激？您在多大程度上推测礼物接收者会对该礼物感到感谢？您在多大程度上推测礼物接收者会对收到该礼物感到高兴？（1＝一点也不，7＝非常）"之后所有被试都对两款红酒进行了态度的评价。参照预调查中态度的测量量表，被试从 4 个维度（不满意的 vs 满意的，消极的 vs 积极的，坏的 vs 好的，不喜欢的 vs 喜欢的）分别对红酒 A 和红酒 B 进行了态度的评价。虽然我们操控两款红酒的价格相同，但是为了排除被试对两款产品感知价值的差异给本书主效应带来的影响，我们让被试报告了他们对两款红酒价值的感知，"红酒 A 的价值如何？"和"红酒 B 的价值如何？（1＝非常低，7＝非常高）"。另外，以往有研究探索了包装精美程度对礼物接收者满意度的影响（李达军，2020），那么为了排除包装精美程度对本研究主体假设的影响，我们还让被试报告了他们对所收到礼物包装精美程度的评价，"红酒 A 包装的精美程度如何？红酒 B 包装的精美程度如何？（1＝非常不精美，7＝非常精美）"。为了进行过度包装的操控检验，被试还报告了他们对两款红酒过度包装程度的感知，"您在多大程度上同意红酒 A 的包装属于过度包装？您在多大程度上同意红酒 B 的包装属于过度包装？（1 = 非常不同意，7 = 非常同意）"。最后被试报告了性别和年龄。

3.3.2　实验结果

3.3.2.1　操控检验

由于对过度包装的操控采用的是组内的实验设计，我们首先用重复测量的方法来验证对过度包装的操控是否成功。受试者因素我们放入被试对红酒 A 和红酒 B 的过度包装程度的评价，结果显示我们对于过度包装的操控成功（$F_{(1, 220)} = 58.27$，$p < 0.001$）。被试认为品牌 A（非过度包装品牌）的过度包装程度显著低于品牌 B（过度包装品牌）的过度包装程度（M = 4.15，SD = 1.97 vs M = 5.35，SD = 1.23）。

3.3.2.2　礼物选择的可能性

我们再次用重复测量的方法来验证礼物赠送者选择红酒 A 和红酒 B 作为礼物的可能性。受试者因素我们放入礼物赠送者对红酒 A 和红酒 B 选择可能性的评价，结果显示当礼物赠送者在过度包装礼物和非过度包装礼物之间进行选择的时候，他们倾向于选择赠送过度包装的礼物（M = 5.22，SD = 1.28 vs M = 4.33，SD = 1.95，$F_{(1, 109)} = 18.07$，$p < 0.001$）。

3.3.2.3　赞赏程度

在进行分析之前，我们先对礼物赞赏程度的测量题项进行拟合程度的分析，结果显示对红酒 A 的赞赏程度（$\alpha = 0.875$）和对红酒 B 的赞赏程度（$\alpha = 0.866$）均拟合度较好，然后我们分别对其进行平均化计算，形成用于分析的因变量。接下来我们用重复测量的方法来分析礼物接收者和礼物赠送者对两款红酒的赞赏程度差异。受试因素我们放入被试对红酒 A 和红酒 B 赞赏程度的评价，在主体间因素中我们放入被试的角色。结果显示，赞赏程度和被试角色的交互作用显著（F（1, 219）= 10.14, p<0.01）（见图3-3）。对于礼物赠送者来讲，他们推测的礼物接收者对过度包装礼物的赞赏程度要显著地高于对非过度包装礼物作出的赞赏程度的评价（M = 5.33, SD = 0.12 vs M = 5.02, SD = 0.12, F（1, 219）= 3.19, p = 0.07）。而对于礼物接收者来说，他们对过度包装礼物的赞赏程度要显著低于对非过度包装礼物的赞赏程度（M = 4.88, SD = 0.12 vs M = 5.35, SD = 0.12, F（1, 219）= 7.39, p<0.001）。以上结果初步验证了假设H1a。

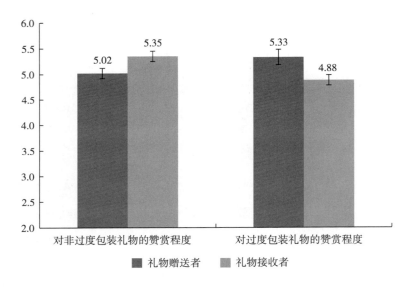

图3-3 实验1a：礼物赠送者和礼物接收者对过度包装礼物赞赏程度的不对称性

3.3.2.4 态度

同样地，在分析之前，我们也对礼物态度的测量题项进行拟合程度的分析，结果显示对红酒A的态度（α = 0.843）和对红酒B的态度（α = 0.850）均拟合度较好，然后我们分别对它们进行平均化处理，以形成我们的因变量。接下来我们用重复测量的方法来分析礼物接收者和礼物赠送者对过度包装和非过度包装礼物的态度差异。在受试因素中我们放入被试对红酒 A 的态度和对红酒 B 的态度，在主体间因素中我们放入被试的角色。结果表明，态度和被试角色的交互作用显著（F（1，219）= 7.14，p<0.01）（见图 3-4）。对于礼物赠送者来讲，他们对过度包装红酒的态度要显著地高于对非过度包装红酒的态度（M = 5.32，SD = 0.15 vs M = 5.08，SD = 0.10，F（1，219）= 3.25，p = 0.07）。而对于礼物接收者来讲，他们对过度包装红酒的态度要显著低于对非过度包装红酒的态度（M = 4.94，SD = 0.10 vs M = 5.21，SD = 0.10，F（1，219）= 3.91，p<0.05）。以上结果初步验证了假设 H1b。

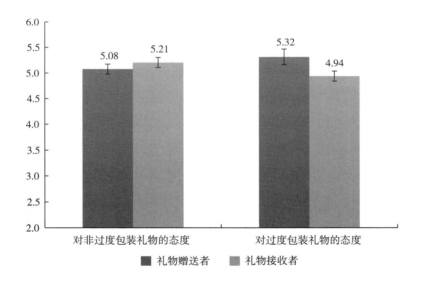

图 3-4　实验 1a：礼物赠送者和礼物接收者对过度包装礼物态度的不对称性

3.3.2.5　感知价值和包装精美

首先，我们将被试对两种红酒的价值感知放入受试因素中，来检验被试感知价值对我们假设的影响。结果表明价值感知和被试角色的交互作用不显著（F（1，219）= 0.825，p>0.05）。其次，如果我们将感知价值纳入协变量中进行分析，态度和被试角色的交互作用仍然显著（F（1，217）= 7.20，p<

0.01），所以我们排除了感知价值对本书主效应的影响。

然后我们将被试对两种红酒包装的精美程度评价放入受试因素中，来检验包装精美程度对我们假设的影响。结果表明包装精美和被试角色的交互作用不显著（F（1，219）= 0.916，p>0.05）。进一步地，如果我们将包装精美纳入协变量中进行分析，态度和被试角色的交互作用仍然显著（F（1，217）= 5.43，p<0.05），所以我们排除了包装精美对本书主效应的影响。

3.3.3　小结

本实验采取混合式的实验设计，初步证实了礼物接收者对过度包装礼物的消极评价，即礼物接收者对过度包装礼物的态度消极、赞赏程度低，该结论初步支持了假设1、假设1a和假设1b。同时，我们也呈现了礼物接收者和礼物赠送者对过度包装礼物态度的不对称性，结果验证了礼物赠送者在选择礼物时比较倾向于选择过度包装的礼物，然而礼物接收者却不喜欢收到过度包装的礼物。另外，我们也初步排除了感知价值和包装精美的备则解释。

3.4　实验 1b

首先，实验1b的主要目的在于继续验证本书的主假设，即礼物接收者对过度包装礼物的消极评价。为了验证该效应的稳健性，区别于实验1a被试同时看到过度包装和非过度包装的礼物，实验1b采取组间的实验设计，即被试会随机看到过度包装和非过度包装礼物中的一种。其次，实验1b仍会继续呈现礼物接收者和礼物赠送者之间对过度包装礼物评价的不对称性，所以被试也会被随机分配到礼物赠送者或者礼物接收者的角色中。再次，关于过度包装的礼物，实验1b采用不同的实验刺激物——茶叶，以便进一步拓展实验1a的结论。最后，本实验还要继续排除感知价值和包装精美等备则解释。

3.4.1　实验设计和流程

本实验采用 2（角色：礼物接收者 vs 礼物赠送者）×2（礼物包装：过度包装 vs 非过度包装）的组间实验设计。与实验 1a 不同的是，被试不会同时看到过度包装和非过度包装的两种礼物，取而代之的是根据被试被分配的情况，他们只会看到过度包装或非过度包装礼物中的一种，然后再回答一些问题。本实验共招募 220 名被试，他们被随机分配到 4 组情境中，样本平均年龄为 29.79 岁，男性样本占到 38.6%。

首先，我们还是对被试的角色进行操控，被操控为礼物赠送者的被试我们让他们想象："您的一位朋友快过生日了，您打算送他/她一款茶叶，经过搜索，您将目标锁定在了下面这款茶叶——××××私房茶。"相反，如果被试被操控为礼物接收者，那么我们则让他们想象："在刚刚过去的您的生日中，有位朋友给您送了一款茶叶——××××私房茶。"

其次，我们对礼物的包装进行操控。如果该礼物的包装是非过度包装，那么被试将会被告知该茶叶装在一个非常简易的牛皮纸包装袋子里（见图 3-5），而如果该礼物的包装是过度包装，那么被试将会被告知该茶叶装在一个体积较大、耗材较多、包装较奢华的木制盒子里，外面还有个手提袋（见图 3-6）。以上对过度包装的操控方式和实验 1a 类似，我们只是在盒子外面加了一个手提袋，更加凸显了礼物的过度包装程度。紧接着，我们对该礼物的其他信息进行操控，所有的被试看到的关于该礼物的其他信息都是相同的。被试了解到，通过包装信息他们可以看到该茶叶产地为××××，茶叶净重为 1000 克，总价格（含包装）为 199 元。

之后，我们采用同实验 1a 相同的态度测量量表，要求礼物接收者和礼物赠送者报告了他们对所收到或所送出的礼物的态度（α = 0.797）。同样采用相同的礼物赞赏程度的测量量表，礼物接收者回答了收到礼物后对该礼物的赞赏

品种：××××私房茶

产地：××××

茶叶净重：1000克

商品总价格（含包装）：199元

包装：简易牛皮纸包装

图 3-5　实验 1b 使用的非过度包装礼物实验材料

品种：××××私房茶

产地：××××

茶叶净重：1000克

商品总价格（含包装）：199元

包装：超大超奢华包装

图 3-6　实验 1b 使用的过度包装礼物实验材料

程度，而礼物赠送者回答了他们推测礼物接收者收到礼物后对该礼物的赞赏程度（$\alpha = 0.834$）。接下来，为了进一步排除感知价值和包装精美对本书研究假设的干扰，与实验 1a 相同，被试也对所收到礼物的感知价值和包装精美程度进行了判断。之后，为了进行过度包装的操控检验，被试回答了与实验 1a 相同的过度包装操控检验问题。最后，被试报告了他们的年龄和性别。

3.4.2　实验结果

3.4.2.1　操控检验

首先，我们以过度包装操控检验问题作为因变量，被试角色、礼物包装及其交互项作为自变量进行了 2（角色：礼物接收者 vs 礼物赠送者）×2（礼物包装：过度包装 vs 非过度包装）的 ANOVA 分析。结果显示只有礼物包装的主效应显著（F（1，216）= 14.94，p<0.001），被分配到过度包装组的被试感知到的礼物的过度包装程度要显著高于被分配到非过度包装组的被试感知到的礼物的过度包装程度（M=5.31，SD=0.13 vs M=4.61，SD=0.13）。此外，角色的主效应以及角色和礼物包装的交互作用均不显著（ps>0.05）。由此可见，我们对于过度包装的操控是成功的。

3.4.2.2　赞赏程度

由于礼物赞赏程度的 4 个题项拟合程度较好，我们也将对其进行均值化处理以形成用于分析的因变量。紧接着我们以礼物赞赏程度作为因变量，被试角色、礼物包装和二者的交互项作为自变量进行了 2（角色：礼物接收者 vs 礼物赠送者）×2（礼物包装：过度包装 vs 非过度包装）的 ANOVA 分析。结果没有显示任何显著的主效应（ps>0.05）。但是正如我们预期的，被试角色和礼物包装的交互作用显著（F（1，216）= 8.51，p<0.001）（见图 3-7）。对于礼物赠送者来说，他们推测礼物接收者对过度包装礼物的赞赏程度要显著高于对非过度包装礼物的赞赏程度（M=5.62，SD=0.16 vs M=5.12，SD=0.17，F（1，216）= 4.45，p<0.05）。相反地，对于礼物接收者来讲，他们对过度包装礼物的赞赏程度要显著低于对非过度包装礼物的赞赏程度（M=5.01，SD=0.16 vs M=5.45，SD=0.15，F（1，216）= 4.05，p<0.05）。同时，对于过度包装礼物，礼物接收者对其真实的赞赏程度要显著低于礼物赠送者推测的赞赏程度（M=5.01，SD=0.16 vs M=5.62，SD=0.16，F（1，216）= 4.45，p<0.001）。

3.4.2.3　态度

由于礼物态度的 4 个测量项目拟合程度较好，所以我们也对其进行平均化计算形成我们的因变量。然后我们以礼物态度作为因变量，被试角色、礼物包装及二者的交互项作为自变量进行了 2（角色：礼物接收者 vs 礼物赠送者）×

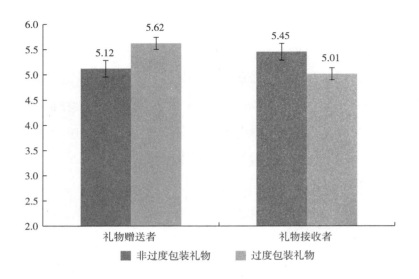

图 3-7　实验 1b：礼物赠送者和礼物接收者对过度
包装礼物赞赏程度的不对称性

2（礼物包装：过度包装 vs 非过度包装）的 ANOVA 分析。结果没有产生任何显著的主效应（ps>0.05）。但是正如我们所预期的，结果显示了被试角色和礼物包装的显著的交互作用（F（1，216）=7.29，p<0.01）（见图 3-8）。对于礼物赠送者来讲，他们对过度包装礼物的态度要显著地高于对非过度包装礼物的态度（M=5.45，SD=0.12 vs M=5.09，SD=0.13，F（1，216）=3.93，p<0.05）。而对于礼物接收者来讲，他们对过度包装礼物的态度边际显著地低于对非过度包装礼物的态度（M=4.99，SD=0.12 vs M=5.30，SD=0.11，F（1，216）=3.36，p=0.06）。同时礼物接收者对过度包装礼物的态度要显著地低于礼物赠送者对过度包装礼物的态度（M=4.99，SD=0.12 vs M=5.45，SD=0.12，F（1，216）=7.18，p<0.001）。

3.4.2.4　感知价值和包装精美

我们将被试汇报的感知价值和包装精美作为因变量，被试角色、礼物包装和二者的交互项作为自变量，分别进行 2（角色：礼物接收者 vs 礼物赠送者）×

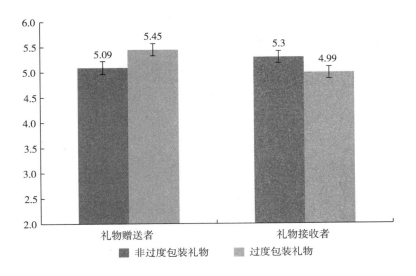

图 3-8　实验 1b：礼物赠送者和礼物接收者对过度包装礼物态度的不对称性

2（礼物包装：过度包装 vs 非过度包装）的 ANOVA 分析。结果没有显示显著的主效应或交互效应（ps>0.05），所以我们可以继续排除感知价值和包装精美对本书研究假设的干扰。

3.4.3　小结

本实验进一步验证了礼物接收者对过度包装礼物的消极评价，假设 1、假设 1a 和假设 1b 再一次得到验证，所以本实验连同实验 1a 共同证实了本书主效应的鲁棒性。同时，我们再一次通过组间的实验设计呈现了礼物接收者和礼物赠送者对过度包装礼物评价的不对称性，这样的研究结论和以往关于礼物接收者和礼物赠送者对礼物感知的不对称性的研究相一致（Bradford et al.，2013；Cavanaugh et al.，2015；Chan et al.，2017；Flynn et al.，2009；Gino et al.，2011；Givi et al.，2017；Goodman et al.，2018；Gunasti et al.，2018；Kupor et al.，2017；Steffel et al.，2014；Van Boven et al.，2003；Ward et al.，2011）。另外，我们还排除了感知价值和包装精美对本书主效应的干扰，并且用新的产品类型将主假设拓展到更广的应用范畴。

3.5 实验 2

实验 2 的主要目的在于检验礼物接收者对过度包装礼物持有消极态度的中介机制，我们期望对礼物深思熟虑程度的评价会中介礼物接收者对过度包装礼物的态度和赞赏程度评价。同时，在实验 1a、实验 1b 呈现了礼物接收者和礼物赠送者对过度包装礼物的不对称性感知的基础上，从本实验开始，我们将研究重点转移到礼物接收者身上，重点探讨礼物接收者如何对过度包装的礼物进行感知，因为礼物能否满足接收者的需求及偏好尤为关键（Otnes et al.，1993；Sherry，1983；Steffel et al.，2014）。另外，本实验的过度包装操控方式与前面的两个实验也有所不同，旨在从更广的产品范围内拓展本书的研究结论。

3.5.1 实验设计和流程

本实验采用单因素（礼物包装：过度包装 vs 非过度包装）的组间实验设计，115 名被试会随机看到过度包装礼物和非过度包装礼物中的一种。被试平均年龄为 29.99 岁，44.3% 为男性被试。

首先，被试们被要求想象在他们过去的生日中，收到了一位朋友送的礼物，该礼物是一支钢笔。然后我们对该钢笔的包装进行了操控，被分配到非过度包装组的被试会读到"该钢笔装在一个大小适中、较为简易的包装盒里"，被分配到过度包装组的被试会读到"该钢笔装在一个体积较大、耗材较多、包装过于华丽的包装盒里"（见图 3-9）。接着，我们对该钢笔的基本信息进行了描述，经过查询，这支钢笔在某网站的售价是 99 元，打开包装试用一番后，发现它书写起来笔尖顺滑，手感较好。

图 3-9　实验 2 使用的实验材料

注：左为非过度包装礼物，右为过度包装礼物。

其次，采用同以往实验中相同的态度和赞赏程度的测量量表，所有被试都报告了他们对该礼物的态度（α=0.831）和赞赏程度（α=0.818）。在这些问题之后，为了验证礼物接收者对过度包装礼物消极态度的中介机制，我们采用以往研究（Cavanaugh et al.，2015；Flynn et al.，2009；Gino et al.，2011；Chan et al.，2017）中对礼物深思熟虑程度的测量方法，让被试对以下 4 个问题（α=0.933）进行报告。"您在多大程度上认为礼物赠送者选择该礼物是深思熟虑的？您在多大程度上认为礼物赠送者选择该礼物是考虑周到的？您在多大程度上认为礼物赠送者选择该礼物时把您的需要考虑在内了？您在多大程度上认为礼物赠送者选择该礼物时真正考虑了您的需要？"这几个问题均采用 7点尺度量表，1 为一点也不，7 为非常。接着，与实验 1b 相同，被试都报告了他们对两个礼物在感知价值和包装精美程度上的评价。之后，为了进行过度包装的操控检验，被试回答了与实验 1a 相同的过度包装操控检验问题。最后，被试都报告了他们的年龄和性别。

3.5.2　实验结果

3.5.2.1　操控检验

我们以过度包装操控检验问题作为因变量，礼物包装作为自变量进行了单因素的 ANOVA 分析。结果显示礼物包装的主效应显著（$F_{(1, 113)} = 5.61$， p<0.05），被分配到过度包装组的被试感知到的礼物的过度包装程度要显著高于被分配到非过度包装组的被试感知到的礼物的过度包装程度（M = 5.09，SD = 1.19 vs M = 4.47，SD = 1.57）。由此可见，我们对于礼物过度包装的操控是成功的。

3.5.2.2　赞赏程度

由于赞赏程度的 4 个题项拟合程度较好，我们首先将其进行均值化处理形成用于分析的因变量。然后我们以赞赏程度作为因变量，礼物包装作为自变量进行单因素的 ANOVA 分析，结果显示礼物包装的主效应显著（F（1，113）= 5.94，p<0.05），那些收到过度包装礼物的被试对该礼物的赞赏程度要显著低于收到非过度包装礼物的被试对其礼物的赞赏程度（M = 4.94，SD = 1.21 vs M = 5.45，SD = 1.02）。

3.5.2.3　态度

我们同样将对礼物态度的 4 个题项进行均值化处理形成用于分析的因变量，接着用礼物态度作为因变量，礼物包装作为自变量进行单因素的 ANOVA 分析，结果也析出了显著的礼物包装的主效应（F（1，113）= 5.74，p< 0.05），具体来讲，收到过度包装礼物的被试对该礼物的态度要显著地低于收到非过度包装礼物的被试对其礼物的态度评价（M = 4.90，SD = 0.99 vs M = 5.32，SD = 0.88）。

3.5.2.4　中介检验

在进行中介分析之前，我们先将对礼物深思熟虑程度的感知作为因变量，礼物包装作为自变量进行单因素的 ANOVA 分析。结果报告了显著的礼物包装的主效应（F（1，113）= 4.23，p<0.05）。对于礼物接收者来说，相比非过度包装礼物，他们在收到过度包装礼物后觉得该礼物深思熟虑程度欠缺（M = 4.79，SD = 1.48 vs M = 5.32，SD = 1.28）。

接下来我们将赞赏程度作为因变量、礼物包装作为自变量（非过度包装编码为 0，过度包装编码为 1）、深思熟虑程度作为中介变量进行中介效应的分析。

根据 Hayes（2017）的建议，本实验使用 Bootstrap 方法检验中介效应，在 Process 中我们选择 Model 4，设定 Bootstrap 样本量为 5000，选取 95%的置信区间，结果显示礼物包装对礼物赞赏程度的主效应在控制了中介变量后变得不显著（$b=-0.34$，$t(113)=-1.75$，$p>0.05$）。然而中介变量深思熟虑程度的作用显著，估计的效应大小为-0.16，估计区间不包含 0（LLCI $=-0.3580$，ULCI $=-0.0092$）。由此可见，礼物接收者认为过度包装礼物的深思熟虑程度低，进而降低了其对礼物赞赏程度的评价，中介作用路径如图 3-10 所示。同样地，我们还是利用 Process Model 4，以礼物态度作为因变量，礼物包装作为自变量，深思熟虑程度作为中介变量进行中介效应的检验。我们仍然设定 Bootstrap 样本量为 5000，选择 95%置信区间。结果显示礼物包装对态度的主效应在控制中介变量后变得不显著（$b=-0.22$，$t(113)=-1.48$，$p>0.05$），但是模型整体的中介效应显著（$b=-0.20$，LLCI $=-0.4017$，ULCI $=-0.0613$）。所以，礼物深思熟虑程度也中介了过度包装礼物对礼物态度的影响，中介作用路径如图 3-11 所示。

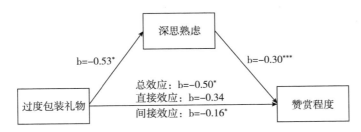

图 3-10　深思熟虑中介包装对礼物赞赏程度的影响

注：＊表示 $p<0.05$，＊＊表示 $p<0.01$，＊＊＊表示 $p<0.001$。

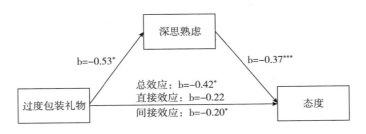

图 3-11　深思熟虑中介包装对礼物态度的影响

注：＊表示 $p<0.05$，＊＊表示 $p<0.01$，＊＊＊表示 $p<0.001$。

3.5.2.5　感知价值和包装精美

我们以感知价值和包装精美作为因变量、礼物包装作为自变量分别进行单因素 ANOVA 分析，结果没有显示任何显著的主效应（ps>0.05），所以我们可以排除二者对本书假设的干扰。

3.5.3　小结

本实验验证了礼物接收者对过度包装礼物产生消极态度和评价背后的心理机制，即相比非过度包装礼物，礼物接收者对过度包装礼物的深思熟虑程度评价较低，进而降低了其对该礼物态度和赞赏程度的评价。所以，该实验的结论验证了假设 2。我们还进一步排除了感知价值和包装精美对主假设的干扰。

3.6　本章小结

本章在相关文献的基础之上提出了本书的主体假设，即礼物接收者对过度包装礼物的态度和赞赏程度较低，因为过度包装礼物所蕴含的深思熟虑程度较低。礼物接收者在收到礼物的那个瞬间，将礼物的过度包装作为首要的决策线索来推断赠礼者挑选礼物的时候是通过包装进行的启发式便捷决策，他们认为"过度包装的礼物就是好的礼物"，而没有审慎地综合考虑其他方面的因素，如产品的质量和礼物接收者的偏好等。对礼物赠送者便捷决策推断的后果就是礼物接收者主观地评价礼物本身的选择也不够深思熟虑，所以导致礼物接收者对过度包装礼物的态度和赞赏程度均较低。我们通过一个预调查和三个主实验验证了这个推论，并且在这三个实验中我们都排除了礼物感知价值和包装精美程度的干扰，证明我们的操控没有引起礼物本身感知价值的变化，包装精美程度也不是造成本书研究结论的主要原因。

　　本章的结论为后续章节的展开奠定了扎实的基础。在下一章的内容中，我们将探讨影响礼物接收者对过度包装礼物消极评价的边界条件，即哪些因素会调节礼物接收者对过度包装礼物的消极态度和负面赞赏。

第4章　礼物接收者对过度包装礼物消极评价的调节效应探究

本章在第 3 章的基础之上，继续探究礼物接收者对过度包装礼物消极评价的调节效应。我们从情境、社会关系和个体特质的角度一共提出了三个调节变量：礼物赠送的场合、礼物赠送者和礼物接收者之间的关系亲密程度以及礼物接收者的自我构念类型。关于礼物赠送的场合，基于已有文献的划分方法（Larsen et al.，2001），我们把礼物赠送的场合划分为正式的仪式场合（Formal Ritual Occasions）和自发性场合（Spontaneous Occasions）。我们认为在正式的仪式场合，礼物接收者对过度包装礼物的评价消极，而在自发性的场合，该效应被削弱。关系亲密程度（Social Closeness）也是以往在礼物赠送文献中受关注比较多的变量（Goodman et al.，2018；Ward et al.，2011），我们预期当亲密程度比较低的时候，礼物接收者对过度包装的评价消极，而当亲密程度较高的时候，该效应被削弱。另外，我们认为礼物接收者的自我构念类型也会调节礼物接收者对过度包装礼物的态度。相比独立型自我，互依型自我的礼物接收者会对过度包装礼物的评价更消极。

本章的结构我们做如下的安排：第 1 节在相关文献的基础上，我们提出礼物接收者对过度包装礼物消极评价的调节变量。第 2 节 ~ 第 4 节，我们用三个实验来验证这些调节效应。第 5 节为本章小结。

4.1　假设提出

在第 3 章中，我们提出了本书的主假设，即礼物接收者对过度包装礼物的评价消极。因为礼物接收者会以过度包装为首要线索或信号来推断礼物赠送者的赠礼决策过程是启发式捷径决策，而不是深思熟虑的决策，这种推断方式进一步影响到礼物接收者对礼物本身的判断，即认为礼物本身的选择也不是深思熟虑的。那么本章的主要目的就是探索过度包装作为推断礼物是否深思熟虑的首要线索作用将会被增强或削弱。我们将从礼物赠送的场合、礼物赠送者和礼物接收者双方的亲密程度以及礼物接收者本身的自我构念类型三个角度进行探索。

4.1.1　礼物赠送场合的调节作用

第 2 章在关于礼物赠送场合的文献综述内容中，我们发现不同的学者对于礼物赠送场合的划分方式有所不同。Antón 等（2014）将礼物赠送的场合划分为个人场合（Personal Situation）和商业场合（Commercial Situation）。商业场合是指大家都会赠送或者收到礼物的场合，如一些盛大的节日。相反地，个人场合是指礼物赠送者出于个人目的而进行的赠礼，如生日、结婚纪念日和其他一些庆祝日等。Larsen 等（2001）把礼物赠送的场合划分为正式的仪式场合（Formal Ritual Occasions）和自发性场合（Spontaneous Occasions），像生日、圣诞节、春节等都属于正式的仪式场合，而自发性的场合没有具体场景的限制，礼物赠送者可以随时出于自发的目的进行礼物赠送。本书采用 Larsen 等（2001）对礼物赠送场合的划分方式，将礼物赠送的场合划分为正式的仪式场合和自发性的场合。

在正式的场合中，因为盛大节日所具有的仪式感，送礼的过程往往在一定程度上具有被迫参与的特点（Larsen et al.，2001），即在这些正式的节日，大家不得不义务性地赠礼来表达节日的问候。虽然大部分人也很喜欢在这样的节日收到礼物，但是该场合所具有的强制性和义务性礼物赠送的特点大大降低了礼物交换所带来的价值，赠礼双方迫于压力可能都会觉得赠礼的意义不大（Larsen et al.，2001）。从礼物赠送者的角度来讲，当他们迫于压力选择礼物的时候，赠礼行为也可能成为一种煎熬，难免会变得力不从心甚至心生抱怨（Sherry et al.，1993）。而在自发性场合中，人们可以摆脱正式场合所带来的赠礼压力和负债的感觉，从而可以发自内心地、自由地选择所需赠送的礼物。例如，与在圣诞节或生日这样的仪式场合收到的大礼物相比，可能在平时不是很特殊的日子里收到一束小小的鲜花就会令人感到十分意外和惊喜（Belk et al.，1993），这样出于自发性的动机进行的赠礼往往被赋予较高的价值和意义（Belk et al.，1993；Larsen et al.，2001）。

所以不同赠礼场合的本质区别在于，赠礼人的赠礼行为是否受到赠礼的义务性感知所驱使。这和Goodwin等（1990）的研究逻辑是类似的，他们将礼物赠送的动机划分为两类，一类是义务性（Obligatory）动机，另一类是自愿性（Voluntary）动机。携有自愿性动机的礼物赠送者赠礼时不会感觉到义务性，而携有义务性动机的礼物赠送者就会受到义务性的驱使。那么将这两种场合应用于本书的主假设中，我们认为在正式的仪式场合中，礼物赠送者对过度包装礼物的评价将更加消极。具体来讲，在正式的仪式场合，很多人是迫于压力进行赠礼的（Larsen et al.，2001），那么此时过度包装就成为帮助人们进行快速决策、减少决策过程所需努力的重要线索。所以很多人就会通过包装来进行礼物选择的决策，如很多人在中秋节选择赠送过度包装的月饼。再有，在这种仪式场合，可能每个人都会同时发生赠礼和收礼两种行为，所以礼物接收者极有可能都会给别人挑选礼物。那么从换位思考（Perspective Taking）（Zhang et al.，2012）的理论角度来讲，礼物接收者就能设身处地地感受到在这种场合进行礼物赠送是迫于压力的，不是自发的，就像是为了完成一项任务而不得不选择赠礼。因此，礼物接收者在收到过度包装礼物的时候，很容易推断赠礼者是通过包装进行的礼物购买决策，决策过程不是深思熟虑的，从而对该礼物的态度和赞赏程度较低。相反，在自发性场合中，人们的赠礼行为不是受义务性动机驱使的，而是发自内心地想要进行礼物赠送，所以当礼物接收者在某一个时刻意外地收到一个礼物时，他们一定会非常高兴。因为此时礼物接收者把焦点放在了自发性赠礼所带来的积极情绪上（Hwang et al.，2019），而过度包装不再是他们关注的焦点，进一步地，他们也不会把过度包装作为主要的线索来评判赠礼者所选择礼物的深思熟虑程度。由此，我们假设：

H3：礼物接收者对过度包装礼物的消极评价受到礼物赠送场合的调节。

H3a：在正式的仪式赠礼场合，礼物接收者对过度包装礼物（vs 非过度包装礼物）的赞赏程度和态度评价低（vs 高）。

H3b：在自发性的赠礼场合，礼物接收者对过度包装礼物的负面评价效应被削弱，即礼物接收者对过度包装和非过度包装礼物在赞赏程度和态度的评价上无显著差异。

我们将以上的假设绘制如图 4-1 所示。

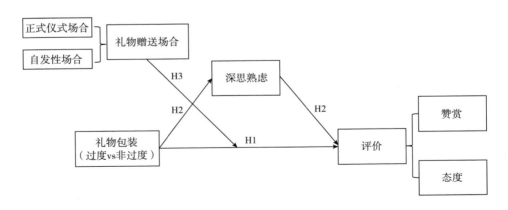

图 4-1　礼物接收者对过度包装礼物的评价受到礼物赠送场合的调节

4.1.2　礼物赠送者和礼物接收者之间关系亲密程度的调节作用

礼物赠送者和礼物接收者之间关系的亲密程度（Social Closeness）在礼物赠送研究领域扮演着重要的角色（Chan et al.，2017；Liu et al.，2019；Ward et al.，2011，2016）。亲密程度是一个多维度的变量，可以从行为、情感以及认识等层面进行体现。在行为层面，亲密度是指关系双方频繁地、广泛地互动（Berscheid et al.，1989），以及互相敞开心扉分享彼此的经历、知识、成就和资源等（Goldstein et al.，2007；Parks et al.，1996）。在情感层面，亲密程度体现在对关系双方的好感或互相喜爱方面（Rubin，1970）。在认知层面，亲密程度是指感知自己和他人重叠的心理特征（Aron et al.，1991）。Aron 等（1992）通过一组图示来测量人们对亲密程度的认知，每个图都由两个圆圈组成，一个代表自我，另一个代表他人，两个圆圈在不同的图示中重叠程度不同，从完全不重叠到接近完全重叠，两个圆圈重叠的部分越多，说明自我和他人越亲近；相反，如果两个圆圈完全不重叠，则代表两个人是泛泛之交（见图4-2）。

图4-2　亲密程度示意图

在礼物赠送领域，赠礼双方的关系可以被构建成一个亲密程度或远或近的连续统一体（Aron et al.，1992；Berscheid et al.，1989）。以往已经有少量的研究从礼物赠送者（Aknin et al.，2015；Zhang et al.，2012）和礼物接收者（Chan et al.，2017；Dunn et al.，2008）的视角分别探索了亲密程度在礼物赠送行为上发生的影响，包括不同的礼物类型如何影响亲密程度，以及不同亲密程度如何对赠礼行为产生影响。Rim 等（2019）的研究发现，相比吸引力强的礼物，实用性强的礼物有助于拉近赠礼双方的亲密程度。给亲密的朋友选礼物的时候，人们更倾向于选择体验型礼物（Goodman et al.，2018）和那些能够彰显彼此关系的礼物（Ward et al.，2016）。国内学者丛日飞（2018）研究了情侣亲密关系与礼物形象一致性的前因、中介机制和后果。

在之前的章节中，我们提到了送礼的智慧体现在心意上，即"心意最重要"。在进行礼物选择的时候花费的心思越多，越能增强礼物赠送者和礼物接收者彼此之间的关系（Zhang et al.，2012）。原因有以下两个方面：首先，人们通常花费很多的时间和精力去取悦那些他们喜欢的人（Zhang et al.，2012）。在礼物的选择上，为了能够选到最理想的礼物所付出的时间和精力，常常被礼物接收者解读为是重视彼此关系、彼此关系亲近或互相喜欢彼此的象征（Zhang et al.，2012）。就像人们可以依据他人的行为来推断他们的偏好或者态度一样（Bem，1972），礼物接收者也可以将礼物赠送者在礼物选择上所付出的努力作为是否有"心意"的依据。其次，花费很多的时间和精力去挑选一份理想的礼物也需要更多地进行换位思考，试图站在他人的角度，设身处地地考虑他人的偏好、想法或评价（Zhang et al.，2012）。经常性地换位思考不仅有利于加强社会关系纽带（Galinsky et al.，2005）、增强感知的亲密程度、强化彼此之间的相似性（Davis et al.，1996），更有助于赠礼者成功选择那些可以完美体现自己"心意"的礼物。

基于以上的研究基础，我们认为礼物赠送者和礼物接收者之间关系的亲密程度也会影响礼物接收者对过度包装礼物的评价，即礼物接收者对过度包装礼物的评价取决于该礼物的送出者是谁。我们认为当礼物接收者和礼物赠送者的关系较为疏远的时候，礼物接收者对过度包装礼物的评价较低，而当二者关系比较亲密的时候，礼物接收者对过度包装礼物的消极评价效应被削弱。事实上，有研究表明人们对关系亲近的人的想法和感受更能很好地预测并感同身受（Stinson et al.，1992），而对关系疏远的人，这种感同身受的能力会明显降低

（Goodman et al.，2018）。基于此，当礼物接收者收到一份来自关系较为疏远的人送来的礼物时，由于礼物接收者不能很好地预测礼物赠送者赠礼的目的或动机，也不能很好地揣测到礼物赠送者赠礼的心意，只能依靠一些较为直观的线索来形成对礼物的判断。那么此时礼物包装的作用将会被凸显，礼物接收者会将过度包装作为最主要的线索来推断礼物本身的选择是否深思熟虑。礼物接收者会下意识地认为这个关系较为疏远的朋友挑选礼物的时候是利用包装做的启发式捷径决策，仅以包装作为礼物好坏的依据，降低了其在礼物选择过程中所需付出的认知努力，所以礼物本身的选择不够深思熟虑，进而礼物接收者对该过度包装礼物的态度和赞赏程度评价低。相反，当所收到的礼物是来自一个关系较为亲密的朋友时，出于对彼此关系和对方的了解，礼物接收者能够较好地解读赠礼者的赠礼动机和礼物所蕴含的"心意"，而不会以过度包装为信号来推断礼物挑选是否深思熟虑，所以此时礼物接收者对于礼物是否过度包装就没那么关注了。由此，我们假设：

H4：礼物接收者对过度包装礼物的消极评价受到赠礼双方关系亲密程度的调节。

H4a：当礼物赠送者和礼物接收者的关系较为疏远的时候，礼物接收者对过度包装礼物（vs 非过度包装礼物）的赞赏程度和态度评价低（vs 高）。

H4b：当礼物赠送者和礼物接收者的关系较为亲密的时候，礼物接收者对过度包装礼物的负面评价效应被削弱，即礼物接收者对过度包装和非过度包装礼物在赞赏程度和态度的评价上无显著差异。

我们将假设 4 绘制如图 4-3 所示。

4.1.3　礼物接收者自我构念类型的调节作用

自我构念（Self-construal）是指人们怎么看待自我和周围环境的关系（Cross et al.，2002；Markus et al.，1991）。大量的研究指出自我构念存在两个维度：独立型自我构念（Independent Self-construal）和互依型自我构念（Interdependent

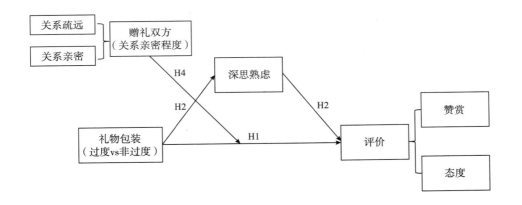

图 4-3　礼物接收者对过度包装礼物的评价受到赠礼双方关系亲密程度的调节

Self-construal）。独立型自我构念的个体将自我看作是独立的个体，追求独立自主，强调自我的独特性以及自我内在的特质、能力和偏好，而互依型自我构念的个体认为自我是受到周围环境所驱动的，强调人与人之间的联结，关注所处的社会环境和社会关系（Markus et al.，1991）。最早的研究认为两种自我构念是文化层面的变量与东西方文化差异紧密相连的（Markus et al.，1991），认为在个人主义价值观主导的文化（西方文化，如美国）里人们多属于独立型自我（Independent Self），而在集体主义价值观主导的文化（东方文化，如中国）里人们多属于互依型自我（Interdependent Self）。但是随着研究的发展，之后的很多学者指出实质上两种自我构念的类型是可以同时存在于同一个个体内的（Gardner et al.，1999；Singelis，1994；Trafimow et al.，1991），只不过对于大多数人来说，通常是一个方面的自我构念类型占主导。

以往的研究表明自我构念会对个体的感知、选择和行为产生影响（Cousins，1989；Lalwani et al.，2013；Markus et al.，1991；Zhang et al.，2009）。以独立型自我为主导的个体在行为上多呈现独立性、自主性和独特性的特征（Kitayama et al.，2008；Triandis，1989），而以互依型自我为主导的个体在行为上多关注个体与社会的联结，以及个体对社会规范的遵从（Chen et al.，

2018；Kitayama et al.，2008；Savani et al.，2008）。Markus 等（1991）也提到独立型自我的个体，其行为主要是参照自己内心的想法、情感或偏好，而不是参照他人的想法、情感或偏好来支配自己的行动；相反地，那些具有互依型自我的个体，他们的行动多数是以社会关系中他人的想法、情感或偏好为基础的。由此可见，独立型自我的个体在做选择的时候更多地关注自己，而互依型自我的个体在做选择的时候更多地关注他人。例如，相比独立型自我的个体，互依型自我的个体倾向于把其他人的观点和自己的观点进行整合（Aaker et al.，1997），回想童年记忆的时候常常提到他人（Wang，2001），依据别人调整自己的行为（Morling et al.，2002），积极响应社交信息（Masuda et al.，2008）等。

那么具体到礼物赠送或为别人做决策领域，以往已经有少量文献开始探索自我构念在其中发挥的作用（Chinchanachokchai et al.，2021；Lalwani et al.，2009；Pöhlmann et al.，2007；Pusaksrikit et al.，2016；Weisfeld-Spolter et al.，2015；Yeh et al.，2018；张喆等，2013）。Lalwani 等（2009）用礼物赠送的情境证明了独立型自我的个体在为别人做选择的时候表现出更多地倾向去展现自己有技能、有能力的一面，而将自己对社会敏感的一面较好地隐藏起来。Pöhlmann 等（2007）发现独立型自我的个体既愿意给别人做选择，也愿意成为选择的接受者，而互依型自我的个体则更喜欢给别人做选择。Yeh 等（2018）表明独立型自我的个体在进行礼物选择的时候，对以赠予者为中心和以受赠者为中心的礼物的购买意向相同，但是对以受赠者为中心的礼物偏好更强；相反，互依型自我的个体更有可能购买以受赠者为中心的礼物，但是对两种礼物的偏好无差异。张喆等（2013）的研究发现，在礼物赠送的情境下自我构念会影响个体对品牌显著度的偏好。

自我构念还会影响人们思考的方式（Lalwani et al.，2013）。独立型自我的个体倾向于采用分析性的思维方式，强调每一个物体的独立性，然而互依型自我的个体倾向于采用整体性的思维方式，强调世界是万物互联的（Monga et al.，2007，2008；Nisbett et al.，2001）。不同的思维方式又会影响人们的认知与决策判断，分析性的思维方式关注场所的独立性，主要面向焦点对象本身，而整体性的思维方式则关注场所的依赖性，注重场所之内物体和物体之间的关联（Nisbett et al.，2001）。例如，Zhu 等（2009）的研究表明采用整体性思维方式的个体会将一个物品和展示其所用的桌子当成一个统一体来看待，而采用分析性思维方式的个体却倾向于把二者分开来看待。类似地，Monga 等（2010）的研究指出功能型品牌的品牌延伸是否成功取决于消费者的思维方式，习惯用整体性思维方式思考的人，能够找到母品牌和延伸品牌之间的关联，进而会对品牌延伸作出积极的评价。由此我们可以推断不同类型的自我思维方式是不一致的，即感知和解释事物的方式不同。相比独立型自我的个体，互依型自我的个体倾向于假设不同的物体之间是有联系的，只有把相关要素全部考虑在内，才能从整体上对事物作出评价（Monga et al.，2007，2008；Nisbett et al.，2001）。基于以上的分析，我们认为礼物接收者的自我构念类型也会影响其对过度包装礼物的评价。具体来说，当礼物接收者是互依型自我的时候，他们会将礼物的包装和礼物本身建立关联，认为包装就是礼物的一部分，见到礼物是过度包装的，就自然而然地用包装作为首要线索来推断礼物本身的选择过程，认为赠礼者的礼物购买决策是基于包装作出的启发式便捷决策，而不是精挑细选、深思熟虑的购买决策，进而推断礼物本身的选择不够深思熟虑。所以我们认为，互依型自我的个体对过度包装礼物的评价更加消极，因为此时过度包装作为推断礼物是否深思熟虑的信号作用被放大。相反地，当礼物接收者是独立型自我的时候，他们不会将礼物的包装和礼物本身建立联系，而是会将二者分开来看，所以此时过度包装作为推断礼物是否深思熟虑的信号作用被削弱。由此，我们假设：

H5：礼物接收者对过度包装礼物的消极评价受到礼物接收者自我构念类型的调节。

H5a：当礼物接收者是互依型自我的时候，他们对过度包装礼物（vs 非过度包装礼物）的赞赏程度和态度评价低（vs 高）。

H5b：当礼物接收者是独立型自我的时候，他们对过度包装礼物的负面评价效应被削弱，即对过度包装和非过度包装礼物在赞赏程度和态度的评价上无显著差异。

我们将假设 5 绘制如图 4-4 所示。

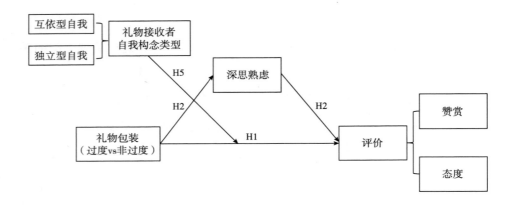

图 4-4　礼物接收者对过度包装礼物的评价受到礼物接收者自我构念类型的调节

4.2　实验 3

实验 3 的主要目的是验证假设 3，即礼物赠送场合如何影响礼物接收者对过度包装礼物的评价。我们预期在正式的仪式场合，礼物接收者对过度包装礼物的消极态度和消极赞赏会被放大，因为此时礼物接收者会较为容易地捕捉到礼物赠送者挑选礼物的压力，所以倾向于推断该礼物的购买决策是通过包装作出的，不是深思熟虑后作出的。而在自发性的场合下，礼物接收者对过度包装的关注点将会被转移，所以其对过度包装的消极评价将会被削弱。除此之外，本实验还要排除包装精美程度对本书基本假设的影响。

4.2.1　实验设计和流程

本实验采用 2（礼物包装：过度包装 vs 非过度包装）×2（礼物赠送场合：正式的仪式场合 vs 自发性的场合）的组间实验设计。共计招募 210 名被试，样本平均年龄为 29.92 岁，男性样本占到 36.7%。所有被试被随机分配到 4 组情境中的一组。

首先我们对礼物赠送的场合进行操控，被分配到正式的仪式场合的被试会读到下面内容："礼尚往来已经成为社会交往的常态，在各类传统节日中，如中秋节、圣诞节和春节，人们通常通过赠送礼物来表达节日的问候。现在请您想象，最近您的一个朋友来到您所在的城市出差，顺便过来看看您，恰好当时正值感恩节，为了表达节日的问候，他/她给您带了一份礼物。"而被分配到自发性场合的被试会读到以下内容："礼尚往来已经成为社会交往的常态，除了传统的节日外，在平时，出于个人目的，人们也会通过赠送礼物来表达问候。现在请您想象，最近您的一个朋友到您所在的城市出差，顺便过来看看您，为了表达问候，他/她给您带了一份礼物。"接下来，我们对礼物的过度包装进行操控，如同实验 2，本实验还是采用钢笔作为礼物，然后分别操控该钢笔的包装是否为过度包装。被分配到非过度包装组的被试被告知"该钢笔装在一个大小适中、较为简易的包装盒里"，而被分配到过度包装组的被试被告知"该钢笔装在一个体积较大、耗材较多、包装过于华丽的包装盒里"（见图 4-5）。同样地，我们也对该钢笔的基本信息进行了描述，该钢笔的售价是99 元，书写起来笔尖顺滑，手感较好。

接下来，被试们回答了同以往的实验相同的态度（α=0.773）和赞赏程度（α=0.752）的问题。接着，被试报告了他们对包装精美程度的判断。最后，被试们回答了过度包装操控检验的问题，以及自己的性别和年龄。

图4-5　实验3使用的实验材料

注：左为非过度包装礼物，右为过度包装礼物。

4.2.2　实验结果

4.2.2.1　操控检验

首先，我们以过度包装操控检验问题作为因变量，礼物包装、礼物赠送场合及二者的交互项作为自变量进行了2（礼物包装：过度包装 vs 非过度包装）×2（礼物赠送场合：正式的仪式场合 vs 自发性的场合）的 ANOVA 分析。结果显示只有礼物包装的主效应显著（F（1，206）= 4.19，p<0.05），被分配到过度包装组的被试感知到的礼物的过度包装程度要显著高于被分配到非过度包装组的被试感知到的礼物的过度包装程度（M = 5.15，SD = 0.17 vs M = 4.68，SD = 0.14）。此外，礼物赠送场合的主效应以及礼物赠送场合和礼物包装的交互作用均不显著（ps>0.05）。由此可见，该实验中我们对于过度包装的操控是成功的。

4.2.2.2　赞赏程度

接下来，我们以被试对礼物的赞赏程度为因变量，礼物包装、礼物赠送场合及二者的交互项作为自变量再次进行2（礼物包装：过度包装 vs 非过度包装）×2（礼物赠送场合：正式的仪式场合 vs 自发性的场合）的 ANOVA 分析。结果分析出了过度包装的主效应（F（1，206）= 11.72，p = 0.001），过度包装组的被试对其礼物的过度包装程度的评价要显著地高于非过度包装组的被试对其礼物的过度包装程度的评价（M = 5.66，SD = 0.97 vs M = 5.13，SD = 0.11），除此之外没有任何其他显著的主效应。重要的是，如我们所预期的，礼物赠送场合和礼物包装的交互作用显著（F（1，206）= 10.57，p = 0.001）（见图4-6）。在正式的仪式场合，礼物接收者对过度包装礼物的赞赏程度要显著低于对非过度包装礼物的赞赏程度（M = 4.81，SD = 0.19 vs M = 5.83，SD = 0.12，F（1，206）= 18.55，p<0.001）。相反地，在自发性的场合，礼物接收者对过度包装礼物和非过度包装礼物的赞赏程度无显著差异（M = 5.46，SD = 0.12 vs M = 5.49，SD = 0.14，F（1，206）= 0.018，p>0.05）。同时，对于过度包装礼物，礼物接收者在正式的仪式场合下对其的赞赏程度要显著地低于在自发性的场合下对其的赞赏程度（M = 4.81，SD = 0.19 vs M = 5.46，SD = 0.12，F（1，206）= 7.70，p<0.01）。

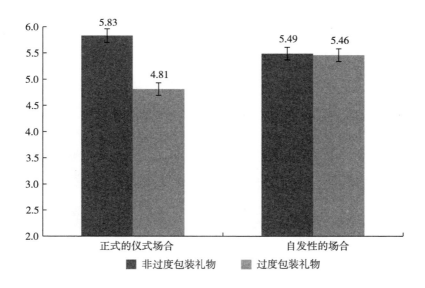

图4-6　礼物赠送场合和礼物包装对赞赏程度的影响

4.2.2.3　态度

紧接着，我们以被试对礼物的态度为因变量，礼物包装、礼物赠送场合及二者的交互项作为自变量进行 2（礼物包装：过度包装 vs 非过度包装）×2（礼物赠送场合：正式的仪式场合 vs 自发性的场合）的 ANOVA 分析。结果析出了过度包装的主效应（$F(1, 206) = 11.72$, $p = 0.001$），过度包装组的被试对其礼物的过度包装程度的评价要显著地高于非过度包装组的被试对其礼物的过度包装程度的评价（$M = 5.38$, $SD = 0.08$ vs. $M = 5.05$, $SD = 0.10$），此外，没有其他任何显著的主效应。重要的是，礼物赠送场合和礼物包装的交互作用显著（$F(1, 206) = 5.58$, $p < 0.05$）（见图 4-7）。在正式的仪式场合，礼物接收者对过度包装礼物的态度要显著低于对非过度包装礼物的态度（$M = 4.86$, $SD = 0.18$ vs. $M = 5.51$, $SD = 0.11$, $F(1, 206) = 9.41$, $p < 0.01$）。相反地，在自发性的场合，礼物接收者对过度包装礼物和非过度包装礼物的态度无显著差异（$M = 5.24$, $SD = 0.11$ vs. $M = 5.25$, $SD = 0.13$, $F(1, 206) = 0.001$, $p > 0.05$）。同时，对于过度包装礼物，礼物接收者在正式的仪式场合下对其的态度要显著地低于在自发性的场合下对其的态度（$M = 4.86$, $SD = 0.18$ vs. $M = 5.24$, $SD = 0.11$, $F(1, 206) = 3.36$, $p = 0.07$）。

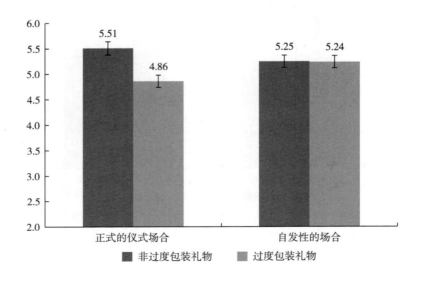

图 4-7　礼物赠送场合和礼物包装对态度的影响

4.2.2.4 包装精美

为了排除包装精美程度对本书假设的干扰，我们以被试对包装精美程度的评价作为因变量，以礼物包装、礼物赠送场合及其二者的交互项作为自变量进行了 ANOVA 分析，结果没有析出任何显著的主效应或交互效应（ps>0.05），所以我们可以排除包装精美程度对本书主体假设的影响。

4.2.3 小结

本实验验证了假设 3，即礼物接收者对过度包装礼物的态度受到礼物赠送场合的调节。在正式的仪式场合下，礼物接收者对过度包装礼物的赞赏程度和态度都较为消极，因为在此场合下，礼物接收者可以很容易地推断礼物本身的购买决策是通过包装作出的，不够深思熟虑。而在自发性的场合下，礼物接收者对礼物是否为过度包装不再在意，所以过度包装作为推断礼物是否深思熟虑的信号作用被削弱。此外，我们还排除了包装精美程度对本书假设的影响，从整体结果上来看，本实验的结论较好地验证了本书主假设的鲁棒性。

4.3 实验 4

实验 4 的目的是验证礼物赠送者和礼物接收者双方关系的亲密程度如何影响礼物接收者对过度包装礼物的评价，即假设 4。我们预期当礼物赠送者和礼物接收者二者关系较为疏远的时候，礼物接收者对过度包装礼物的态度和赞赏程度评价均较低，因为此时过度包装作为评判礼物是否深思熟虑的信号作用被放大，而当二者关系较为亲密时，礼物接收者不需要过多地依赖包装对礼物进行评价，所以礼物接收者对过度包装礼物的消极评价将被削弱。此外，本实验还意在排除期望对本书假设的影响。

4.3.1 实验设计和流程

本实验采取 2（礼物包装：过度包装 vs 非过度包装）×2（关系亲密程度：关系疏远 vs 关系亲密）的组间实验设计。共计招募 223 名被试，样本平均年龄为 31.14 岁，男性样本占到 36.3%。所有被试被随机分配到 4 组实验情境的一组中。

在实验的开头，我们首先对关系亲密程度进行了操控，参照 Goodman 等（2018）的做法我们先让被试写下一个关系亲密或关系不亲密的朋友的名字。为了明确什么才是关系亲密或不亲密的朋友，我们又进一步定义了所谓关系亲密的朋友就是被视作密友，而且又经常见面的朋友，而所谓关系不亲密的朋友就是虽然经常见面，但是关系也不亲密的朋友（Cavanaugh et al.，2015）。接着，为了进一步加强被试对彼此关系的认知，我们又让被试用五句话来描述他们与写下的这位朋友之间的关系（Tu et al.，2016）。关系亲密组的被试会被要求这些话以"我们"开头，例如"我们是在学校认识的"，而关系疏远组的被试会被要求这些话以"他/她和我"开头，例如"他/她和我是在学校认识的"。

接下来，我们继续让被试想象，"您的生日就要到了，刚才写下名字的这位朋友给您送了一款××××私房茶"。紧接着，与实验 1b 相同，我们对该礼物的包装进行了操控。被分配到非过度包装组的被试得知"该茶叶装在一个非常简易的牛皮纸包装袋子里"（见图 4-8），而被分配到过度包装组的被试得知"该茶叶装在一个体积较大、耗材较多、包装较为奢华的木质盒子里"（见图 4-9）。通过包装信息，被试还了解到了关于该茶叶的基本信息，该茶叶的产地为×××，茶叶净重为 1000 克，含包装总价格为 199 元。

在所有操控完成之后，被试回答了我们关心的一些问题。首先，同以往的实验相同，被试均回答了关于态度（α = 0.815）和赞赏程度（α = 0.802）的问题。紧接着，为了验证关于关系亲密程度的操控是否成功，我们还让被试

品种：××××私房茶

产地：××××

茶叶净重：1000克

商品总价格（含包装）：199元

包装：简易牛皮纸包装

图 4-8 实验 4 使用的非过度包装礼物实验材料

品种：××××私房茶

产地：××××

茶叶净重：1000克

商品总价格（含包装）：199元

包装：超大超奢华包装

图 4-9 实验 4 使用的过度包装礼物实验材料

回答了三个关于关系亲密程度的操控检验问题（Ward et al.，2016）。我们让被试回忆在开头写下的那位朋友的名字，然后对他们彼此关系的亲密程度作出评价，"我们是非常亲密的朋友"，"我们的关系对于我来说不重要（反向编码）"，"我们非常了解彼此"（α=0.804）。几个问题均为 7 点尺度量表，1 为非常不同意，7 为非常同意。因为有研究表明在礼物赠送的情境下，人们对不同亲密程度的人期望不同（Ward et al.，2016），所以为了排除期望所带来的影响，我们又让被试回答了"您在多大程度上期望从该朋友那里获得礼物？（1=非常不期望，7=非常期望）"。最后，被试报告了同以往实验相同的关于过度包装操控检验的问题，也汇报了自己的性别和年龄。

4.3.2 实验结果

4.3.2.1 操控检验

首先，我们以关系亲密程度操控检验问题作为因变量，礼物包装、关系亲密程度及其二者的交互项作为自变量进行 2（礼物包装：过度包装 vs 非过度包装）×2（关系亲密程度：关系疏远 vs 关系亲密）的 ANOVA 分析，结果只析出了关系亲密程度的主效应（F（1，219）= 5.45，p<0.05）。具体来讲，那些被分配到关系亲密组的被试认为自己和写下名字的朋友之间的关系亲密程度要显著高于被分配到关系疏远组的被试评价的自己和写下名字的朋友之间的关系亲密程度（M = 4.96，SD = 0.11 vs M = 4.61，SD = 0.10），该结果证实了我们对关系亲密程度的操控是成功的。

接下来，我们以过度包装操控检验问题作为因变量，礼物包装、关系亲密程度及其二者的交互项作为自变量又进行了双因素 ANOVA 分析，同样地，结果也只显示了过度包装的主效应（F（1，219）= 4.41，p<0.05）。被分配到过度包装组的被试认为所收到礼物的过度包装程度要显著地高于被分配到非过度包装组的被试对其所收到礼物的过度包装程度的评价（M = 5.01，SD = 0.15 vs M = 4.57，SD = 0.14），所以，我们对过度包装的操控也是成功的。

4.3.2.2 赞赏程度

在操控检验过后，我们以赞赏程度为因变量，礼物包装、关系亲密程度及其二者的交互项为自变量再次进行了双因素的 ANOVA 分析。结果显示，过度包装的主效应显著（F（1，219）= 4.45，p<0.05），被分配到过度包装组的被试认为其所收到礼物的过度包装程度要显著地高于被分配到非过度包装组的被试对其所收到礼物的过度包装程度的评价（M = 5.19，SD = 0.10 vs M = 4.87，SD = 0.11）。此外，结果还析出了礼物包装和关系亲密程度的显著的交互作用（F（1，219）= 4.54，p<0.05）（见图4-10）。具体来讲，当礼物接

收者和礼物赠送者双方的关系亲密程度较为疏远的时候，礼物接收者对过度包装礼物的赞赏程度要显著地低于对非过度包装礼物的赞赏程度（M = 4.69，SD = 0.16 vs M = 5.33，SD = 0.16，F（1，219）= 7.95，p<0.01）。相反地，当礼物接收者和礼物赠送者双方的关系较为亲密的时候，礼物接收者对过度包装礼物和对非过度包装礼物的赞赏程度无显著差异（M = 5.06，SD = 0.15 vs M = 5.05，SD = 0.12，F（1，219）= 0.001，p>0.05）。

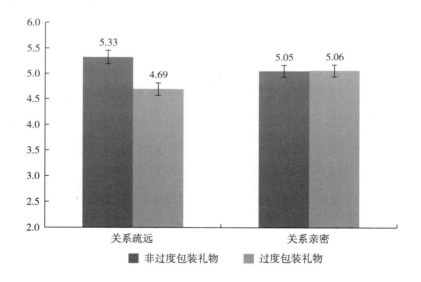

图 4-10　关系亲密程度和礼物包装对赞赏程度的影响

4.3.2.3　态度

同样地，我们以态度为因变量，礼物包装、关系亲密程度及其二者的交互项为自变量又进行了双因素的 ANOVA 分析。结果再次析出了过度包装的主效应（F（1，219）= 4.63，p<0.05），被分配到过度包装组的被试认为其所收到礼物的过度包装程度要显著地高于被分配到非过度包装组的被试对其所收到礼物的过度包装程度的评价（M = 5.38，SD = 0.09 vs M = 5.09，SD = 0.10）。最为重要的是，正如我们所预期的，结果还析出了礼物包装和关系亲密程度的

显著的交互作用（F（1，219）= 4.11，p<0.05）（见图 4-11）。具体来讲，当礼物接收者和礼物赠送者双方的关系亲密程度较为疏远的时候，礼物接收者对过度包装礼物的态度要显著地低于对非过度包装礼物的态度（M = 4.95，SD = 0.15 vs M = 5.52，SD = 0.15，F（1，219）= 7.72，p<0.01）。相反地，当礼物接收者和礼物赠送者双方的关系较为亲密的时候，礼物接收者对过度包装礼物和对非过度包装礼物的态度无显著差异（M = 5.23，SD = 0.14 vs M = 5.24，SD = 0.11，F（1，219）= 0.001，p>0.05）。

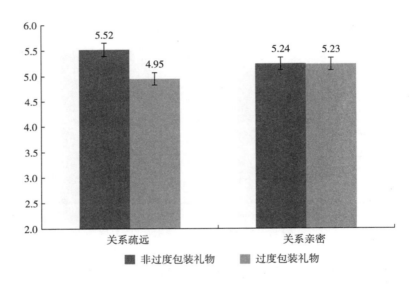

图 4-11　关系亲密程度和礼物包装对态度的影响

4.3.2.4　期望

为了排除期望对本书的影响，我们以期望为因变量，礼物包装、关系亲密程度及其二者的交互项为自变量进行了双因素的 ANOVA 分析，结果没有报告任何显著的主效应或交互效应（ps>0.05），所以我们可以排除期望对本书的干扰。

4.3.3 小结

本实验的结果支持了假设 4，即关系亲密程度调节礼物接收者对过度包装礼物的评价。当礼物赠送者和礼物接收者的关系较为疏远的时候，礼物接收者对过度包装礼物的赞赏程度和态度评价低，因为礼物接收者认为该朋友在挑选礼物的时候是用包装做的启发式便捷决策，所以推测其礼物本身的选择不够深思熟虑。然而在礼物赠送者和礼物接收者的关系较为亲密的时候，礼物接收者不再过多地关注包装，所以此时包装作为推断礼物本身是否深思熟虑的信号作用被削弱。此外，本实验还排除了期望对研究结果的干扰，整体的研究结论再一次很好地验证了本书基本假设的鲁棒性。

4.4　实验 5

实验 5 的主要目的是验证假设 5，即礼物接收者的自我构念类型如何影响礼物接收者对过度包装礼物的评价。我们期望对于互依型自我的个体来讲，当他们收到过度包装礼物的时候，容易把包装和礼物建立联系，将包装视作礼物的一部分，从而利用包装推断礼物本身的选择是否深思熟虑，所以互依型自我的个体对过度包装礼物的评价会偏低。相反，对于独立型自我的个体来讲，他们倾向于把包装和礼物分开看待，所以他们不会倾向于用包装来推断礼物的选择过程，因此他们对过度包装和非过度包装礼物的评价将无差异。

另外，本实验还想探究礼物是否符合礼物接收者偏好对实验假设的影响。在以往的实验中，我们都没有操控，也没有测量礼物接收者对所收到礼物的偏好，在该实验中，我们将实际地测量被试对实验中礼物的偏好，以便排除偏好一致性对本书假设的干扰。

4.4.1　实验设计和流程

本实验采用 2（礼物包装：过度包装 vs 非过度包装）×连续变量（自我构念）的组间实验设计，过度包装为操控变量，而自我构念为测量变量。我们共招募到 238 名被试，被试被随机分配到过度包装或非过度包装其中的一组。被试平均年龄为 38.61 岁，男性被试占到 52.1%。

首先，我们让被试想象他们的生日就要到了，他们的一位好友为此送来了一份礼物。接着他们读到了关于该礼物的介绍。"该礼物是一瓶红酒，750 毫升，产地××，年份是 2010 年，经查询该红酒某网站含包装售价为 198 元，品尝过后您觉得该红酒口感较好。"紧接着我们对该红酒的包装进行了操控，非过度包装组的被试被告知，"除此之外，您还注意到了该红酒的包装，它装在一个大小适中、非常简易的牛皮纸袋子里"，而过度包装组的被试则被告知，"除此之外，您还注意到了该红酒的包装，它装在一个体积较大、耗材较多、包装较为奢华的木头盒子里"（见图 4-12）。

图 4-12　实验 5 使用的礼物包装材料

注：左为非过度包装礼物，右为过度包装礼物。

在操控过后，同以往的测量量表相同，被试对该礼物的赞赏程度（α=0.858）和态度（α=0.859）都进行了评价。紧接着，采用 Singelis（1994）对自我构念的测量量表，被试回答了关于自我构念的 24 个测量题项，其中 12 个是独立型自我构念的测量题项，另外 12 个是互依型自我构念的测量题项。在以往的研究中，该量表被广泛应用于测量被试是独立型自我还是互依型自我，是较为主流的测量自我构念的量表，并且具有良好的稳健性。但是由于该量表是英文量表，为了很好地在中国被试的环境里使用，我们邀请了一个独立的实验助理对该英文量表进行翻译，把每一个问题都相应地翻译成中文，然后又邀请另一位实验助理（英语专业 8 级）对所翻译的中文量表内容再次进行回译，即把每一个被翻译过的中文问题都再次翻译成英文，然后将其与原始量表进行对照。这样做的目的就是对比翻译后的中文量表是否能够最大化地保有原始量表中所要表达的内容。根据翻译的结果，我们发现两位实验助理对对方所翻译内容的认可度达到 98%，存在矛盾和分歧的部分我们也进行了讨论并予以解决，最后形成了用于本书测量自我构念的量表。在回答了这 24 个测量自我构念的问题后，被试又被要求回答了他们对红酒的偏好，"您平时喜欢喝红酒吗？（1=非常不喜欢，7=非常喜欢）"。最后他们同样地汇报了关于礼物过度包装操控检验的问题，还有自己的性别及年龄。

4.4.2　实验结果

在进行正式分析之前，我们根据以往的研究方法（Wu et al.，2011；Holland et al. 2004），对自我构念量表进行计算以形成自我构念的测量指标。首先我们将 12 个测量独立型自我构念的题项和 12 个测量互依型自我构念的题项分别进行加总求和，然后用独立型自我构念题项的总分减去互依型自我构念题项的总分，结果为正，则表示被试为独立型自我；结果为负，则表示被试为互依型自我。根据此结果我们进行如下分析。

4.4.2.1　操控检验

我们以过度包装操控检验问题为因变量，礼物包装（非过度包装组编码为0，过度包装组编码为1）、自我构念及其二者的交互项作为自变量进行了回归分析。结果只析出了显著的礼物包装的主效应（β＝0.89，t（234）＝－3.47，p＝0.001），而没有析出其他任何显著的主效应或交互效用。具体来讲，被分配到过度包装组的被试认为其所收到礼物的过度包装程度要显著地高于被分配到非过度包装组的被试对其所收到礼物的过度包装程度的评价，该结果表明我们对于过度包装的操控是成功的。

4.4.2.2 赞赏程度

我们以赞赏程度为因变量，礼物包装（非过度包装组编码为0，过度包装组编码为1）、自我构念及其二者的交互项作为自变量进行了回归分析。结果没有析出任何显著的主效应，然而正如我们所预期的，结果显示了过度包装和自我构念显著的交互效应（β＝－0.03，t（234）＝－2.34，p<0.05）（见图4-13）。具体来说，对于互依型自我的礼物接收者来说，他们对过度包装礼物的赞赏程度要显著地低于对非过度包装礼物的赞赏程度（β＝－0.63，t（234）＝2.18，p<0.05），而对于独立型自我的礼物接收者来说，他们对过度包装礼物和非过度包装礼物的赞赏程度没有显著差异（β＝0.03，t（234）＝－0.11，p>0.05）。为了较为清晰地展示被试在各个自我构念水平下对过度包装礼物的评价，我们又进一步地采用泛光灯分析方法（Floodlight Analysis）对结果进行检验，结果表明当被试的自我构念水平低于－10.0333时，被试对过度包装礼物和非过度包装礼物的赞赏程度就开始呈现出了显著的差异。

4.4.2.3 态度

随后我们以态度为因变量，礼物包装（非过度包装组编码为0，过度包装组编码为1）、自我构念及其二者的交互项作为自变量又进行了回归分析。结果还是没有析出任何显著的主效应，但是礼物包装和自我构念的交互效应显著（β＝－0.03，t（234）＝－2.02，p<0.05）（见图4-14）。具体来说，当被试为互依型自我的礼物接收者时，他们对过度包装礼物的态度要显著低于对非过度包装礼物的态度（β＝－0.65，t（234）＝－2.22，p<0.05），而当被试为独立

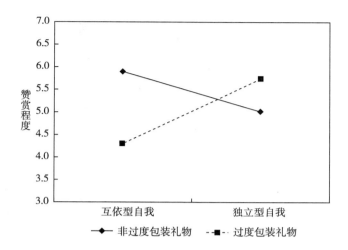

图 4-13　礼物包装和礼物接收者自我构念类型的交互作用对赞赏程度的影响

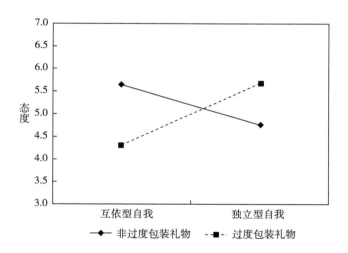

图 4-14　礼物包装和礼物接收者自我构念类型的交互作用对态度的影响

型自我的礼物接收者时，他们对过度包装礼物和非过度包装礼物的态度无显著差异（$\beta = -0.14$，$t(234) = -0.54$，$p > 0.05$）。同样地，为了进一步清晰地显示被试在何种自我构念的水平下对过度包装和非过度包装礼物的态度存在显著的差异，我们又进行了泛光灯分析。结果显示，当被试的自我构念水平低

于 -13.7313 时，他们对两种礼物的态度开始呈现出显著的差异。

4.4.2.4　偏好

最后我们以偏好为因变量，礼物包装、自我构念及其二者的交互项作为自变量进行了回归分析，结果没有析出任何显著的主效应或交互效应（ps > 0.05），所以我们可以排除被试偏好对本书结论的影响。

4.4.3　小结

本实验的结果验证了假设 5，即礼物接收者的自我构念类型调节其对过度包装礼物的评价。当礼物接收者为互依型个体的时候，他们对过度包装礼物的态度消极，赞赏水平低，因为此类礼物接收者比较擅长建立礼物和包装之间的联系，认为过度包装的礼物即意味着赠礼者是通过包装作出的礼物购买决策，礼物本身的选择不够深思熟虑，进而对其评价消极。相反，当礼物接收者为独立型个体的时候，他们将礼物和包装分开看待，可能更多地关注礼物本身而非包装，所以对过度包装和非过度包装礼物的评价无显著差异。此外，本实验还排除了偏好一致性对研究结论的干扰，再一次证明了研究主效应的鲁棒性。

4.5　本章小结

本章在相关理论的基础之上，提出了礼物接收者对过度包装礼物消极评价的调节机制，即我们认为礼物赠送的场合、礼物赠送者和礼物接收者之间关系的亲密程度以及礼物接收者的自我构念类型调节礼物接收者对过度包装礼物的评价。我们发现当礼物赠送的场合是正式的仪式场合时，礼物接收者对过度包装礼物的评价更加消极，因为此时礼物接收者能较为容易地推断赠礼者的赠礼压力，为了缓解压力，赠礼者选择通过包装作出便捷的礼物购买决策，所以礼物本身的选择不够深思熟虑。另外，当赠礼双方的关系较为疏远的时候，礼物接收者由于不能较为准确地推断赠礼者的赠礼动机，所以只能通过包装来推断礼物的好坏，所以包装作为礼物是否深思熟虑的首要线索作用被放大，因此在此情况下礼物接收者对过度包装礼物的评价更加消极。再有，当礼物接收者是互依型自我的个体时，由于他们善于建立事物之间的联系，所以他们通常将包装看作是礼物的一部分，进而通过过度包装推断礼物的选择不够深思熟虑。同时在以上的实验中，我们分别排除了包装精美程度、期望和偏好一致性对本书假设的影响。综合以上结果，我们可以发现，在三个调节变量的作用下，过度包装作为推断礼物是否深思熟虑的首要线索作用被放大，所以被试对过度包装礼物的评价更加消极。

那么有没有什么要素可以取代过度包装的首要线索作用，从而缓解或者逆转礼物接收者对过度包装礼物的消极评价呢？我们将在下一章的内容中进行介绍。

第5章　礼物接收者对过度包装礼物积极评价的调节效应探究

在第 3 章和第 4 章的内容中我们论证了礼物接收者对过度包装礼物的消极评价，其背后的机制在于礼物接收者利用包装作为首要信号来推断礼物本身的选择是否深思熟虑。之所以利用包装作为首要信号，是因为在以往的实验中我们对产品的质量、产品的价格、产品的感知价值以及产品的基本信息等都进行了有效的控制，所有这些可以用来进行推断礼物本身是否深思熟虑的可用信号都被操控得较为中性，所以包装作为首要信号的作用就被凸显。那么在本章的内容中，我们最主要的目的就是探究在什么情况下包装的首要信号作用将被其他可用的线索所取代，即在什么情况下礼物接收者是以其他线索或信号，而不是以包装作为评判礼物本身是否深思熟虑的依据。我们预期当礼物本身的感知价值比较高的时候，礼物的价值就成了评判礼物本身是否深思熟虑的首要信号，礼物接收者会以此为首要决策规则来对礼物进行评判，而包装在此时就属于较为次级的信号，不再具有推断礼物是否深思熟虑的主导作用，那么过度包装此时发挥的作用又是什么呢？我们认为那些感知价值比较高的礼物此时是需要过度包装的，因为过度包装如果用在感知价值比较高的礼物身上，就可以摆脱其与礼物质量较差的刻板印象，从而体现出包装本身具有的内在价值，还有其能为礼物增值的附属价值。所以我们认为对于感知价值较高的礼物来讲，过度包装就是

"锦上添花",礼物接收者此时对过度包装礼物的消极评价将会被逆转。

根据 Sherry(1983)开发的礼物交换过程模型,我们可以看到礼物赠送包含礼物、包装、礼物赠送者、礼物接收者、物质、情感、环境等诸多因素,在前面的章节中,我们在主要关注礼物包装的基础上,又关注了礼物赠送的场合,礼物赠送者和礼物接收者之间的关系,以及礼物接收者本身的自我构念特征,唯独没有关注礼物赠送中最为核心的要素:礼物本身。以往已经有一些研究在探讨礼物接收者如何对不同类型的礼物进行感知(Flynn et al.,2009;Gino et al.,2011;Kupor et al.,2017;Waldfogel,1993;Zhang et al.,2012)。在本章中,我们将重点探索哪些具有较高感知价值的礼物适合进行过度包装。通过对文献的梳理,我们发现那些稀缺的、定制化的、具有情感价值属性的产品往往被人们赋予较高的价值(Kristofferson et al.,2017;Givi et al.,2019;Steffel et al.,2014)。以此为基础,我们将从礼物的稀缺性、礼物的定制化以及礼物的情感价值三方面来探讨这样的礼物类型与过度包装进行组合后,如何影响礼物接收者对过度包装礼物的评价。

本章的结构我们做如下的安排,第 1 节提出主要的假设,第 2 节~第 4 节我们通过三个实验来验证所提出的假设,最后为本章小结。

5.1 假设提出

在本节中,我们将通过对文献的梳理,从礼物感知价值的方面提出三个有利于礼物接收者对过度包装礼物进行积极评价的变量,即礼物的稀缺性、礼物的定制化以及礼物的情感价值。我们预期当礼物接收者收到的礼物是稀缺的(vs 不稀缺的)、定制化的(vs 非定制化的)、具有情感价值的(vs 不具有情感价值的)的时候,礼物过度包装反而会带来礼物接收者对礼物的积极评价,因为此时礼物的价值作为首要的线索直接决定了礼物本身的选择是否深思熟虑，而包装则成为礼物的附属。对于一件精心准备的、价值比较高的礼物来讲，相比简单的包装，也许华丽的包装更能让礼物接收者感知到挑选礼物的过程是多么的用心。

根据以往研究提出的启发式—系统模型（Chaiken，1980；Chen et al.，1999），人们在进行决策和判断的时候，往往存在两个通道：一是系统决策通道，二是启发式决策通道。系统决策是指人们投入大量的认知努力来对事物进行判断，与此同时要利用所有能够利用的信息进行系统化的分析，以便最后做出判断（Chaiken，1980）。而启发式决策是指人们付出很少甚至不付出认知努力，仅仅依靠那些唾手可得的方便信息或者线索，不进行深入思考就做出的便捷决策（Chaiken，1980）。所以系统决策强调信息处理过程中对每个细节的掌握，所有的信息不是直接地影响个体的决策，而是通过个体的消化、分析和判断再去影响最后的决策（Chaiken，1980）。而启发式决策则关注一个个较为简单的决策规则和启发式，这些启发式和简单的决策规则就可以直接影响个体最后的决策结果（Chaiken，1980）。那么什么时候消费者会启用启发式的便捷决策通道呢？在前面的章节中我们提到了，有学者认为消费者使用外在的线索进行启发式便捷决策的原因有以下三方面：第一，消费者对产品不熟悉；第二，消费者没有足够的机会去评价产品的内在属性；第三，消费者不能对产品的内在属性作出充分评价（Zeithaml，1988）。由此可见，当人们处理信息的能力有限，或者说可用于处理的信息有限的时候，他们就不太可能进行系统性的决策和判断，而是转向依靠启发式的方法进行便捷决策（Payne et al.，1997）。

将以上的模型应用于本书的研究情境中，我们认为可供礼物接收者用于判断礼物是否深思熟虑的线索是什么决定了其采用哪种决策通道。当礼物接收者无法对礼物价值进行判断或者说认为礼物价值不高的时候，他们倾向于利用包装对礼物本身是否深思熟虑进行推测。在前面的章节中，我们证实了这一观点，我们对礼物价格的操控都维持在较低的水平，并且通过操控检验我们发现被试们对于礼物感知价值的评价并不存在显著差异。所以在礼物感知价值不高、礼物基本信息描述都较为中性客观的情况下，可供礼物接收者利用的线索就只有包装了，此时礼物接收者只能通过包装来推断礼物本身的选择是否深思熟虑。然而，除包装以外，如果可供礼物接收者用于判断礼物是否深思熟虑的线索增加了，并且该线索与礼物本身的价值紧密相关（如礼物价值比较高），那么在这种情况下，礼物包装作为推断礼物是否深思熟虑的首要线索作用将被削弱，包装就此成为次要的、附属的线索，取而代之的则是和礼物本身价值紧密相关的线索，所以礼物接收者就会综合考虑所有信息进而从整体上系统地评判礼物到底是否深思熟虑。具体来讲，对于价值比较高的礼物来说，因为礼物接收者已经可以通过与价值相关的线索来断定礼物的价值较高，礼物本身的选择是深思熟虑的，那么他们就不会依赖于包装对礼物进行评价，也不会将过度包装认作是礼物本身质量差、价值低的信号；相反地，他们则会将包装作为礼物的附属来看待。又因为包装兼具礼物沟通的功能，可以帮助礼物接收者评估礼物内在的属性（Olson et al.，1972），那么过度包装如果用在价值比较高的礼物身上，不光具有了一定的内在价值，还具有了提升礼物价值感知的附属作用，让礼物接收者认为不仅礼物本身的选择是深思熟虑的，而且包装的选择也是深思熟虑的，因此总体上来讲对礼物的评价就会倾向于积极。所以在礼物价值比较高的情况下，礼物接收者对过度包装礼物的消极评价将被逆转。下面，我们将主要从礼物的稀缺性、礼物的定制化和礼物的情感价值三方面着手来阐述此类礼物如何影响礼物接收者对过度包装礼物的评价，以及如何反转礼物接收者对过度包装礼物的消极评价。

5.1.1　礼物稀缺性的调节作用

"稀缺性"（Scarcity）一词来源于经济学，由于供给和需求的不均衡，导致资源的短缺和相互竞争（Brock，1968）。当我们认为资源不够充足、无法满足人们的基本需求或者我们想要的比现有的更多的时候，稀缺就发生了。最基础的稀缺性研究主要集中在经济衰退（Griskevicius et al.，2013）、饥荒或者干旱（Chakravarthy et al.，2004）等事件上，人们听到关于经济危机、自然灾害或者社会动荡等信息的时候，往往就会唤起自己对世界资源稀缺的普遍认知（Laran et al.，2013）。关于资源稀缺性的研究已经在多个学科领域得到了关注，包括经济学（Banerjee et al.，2007）、政治学（Grossman et al.，2003）、社会学（Booth，1984）和心理学（Kristofferson et al.，2017；Laran et al.，2013）。而稀缺作为一种普遍存在的现象，也会出现在营销领域，如消费品的短缺（Lynn，1992）。造成产品稀缺的原因有很多，包括需求的猛烈冲击、生产的延迟、产能的限制以及有限的生产线等（Verhallen et al.，1994）。当然，稀缺也可能是人为因素造成的，如公司主观性地试图囤积居奇，通过这种手段来制造出一种稀缺感（Cialdini，2009；Gitlin，2007）。现实中很常见的例子就是公司通过限时或者限量等营销方式进行稀缺性营销（Ku et al.，2012），如在双十一购物节，大部分商品往往在凌晨0~2点的时间里限时限量折扣促销。

以往在营销学领域关于稀缺性的研究多数将稀缺作为一种产品或商品的数量所固有的因素，并且认为稀缺性会影响消费者的认知（Laran et al.，2013；Mehta et al.，2016；Roux et al.，2015；Wang et al.，2020；Zhu et al.，2015）。例如，激发消费者对于稀缺性的感知，会提升消费者较高的觉醒水平，从而促使消费者在选择产品的时候倾向于选择那些受到极端评价的产品（Zhu et al.，2015）。Laran 等（2013）的研究表明人们因为感觉到这个世界的资源是稀缺的，所以倾向于消费卡路里和热量高的食物，这种消费仿佛能够弥补内心的稀缺性感知。Mehta 等（2016）的研究证实如果人们的思维因为资源的稀缺性而感知到受限，那么他们就会进行一些创造性的消费。Roux 等（2015）认为，稀缺性的感知会激发人们竞争性的价值取向，这种价值取向会促使人们在做决策的时候更多地关注自我的利益。Wang 等（2020）探索了稀缺性如何影响消费者对吸引力强或者实用性强产品的选择，研究发现这种选择受到消费者童年时代的社会经济地位的影响，童年时代社会经济地位低的消费者如果感知到稀缺性，那么他们就会选择实用性强的产品。

除此之外，以往的研究也较为一致地证实了产品的稀缺性会影响人们对价值的感知。稀缺性的产品或服务通常在供给比较少的时候会提升消费者对其的价值评价（Brock，1968；Cialdini，2006；Sharma et al.，2012），并且稀缺性会激发人们对产品强烈的购买欲望（Lynn，1991）以及对产品本身较为积极的态度（Gierl et al.，2010）。因为通常来讲，稀缺性的产品会让消费者觉得现在不买以后可能再也买不到了（Byun et al.，2012），正是这种紧迫的感觉让消费者感知到稀缺性产品所具有的独特价值（Wu et al.，2006）。由于稀缺性的产品所具有的独特性以及比较难获得的特征，拥有一个稀有的产品也会侧面彰显人们的社会地位（Lynn，1992）和威望（Wu et al.，2006）。

与稀缺性产品相对应的就是流行性产品。Wu 等（2016）将产品分为两种类型：一种是受供给驱动、具有稀缺性的限量版产品；另一种是受消费者驱动、不具有稀缺性的流行产品。基于稀缺性和有限资源或机会之间的关系，研究者将稀缺性线索划分为时间上的稀缺和数量上的稀缺（Gierl et al.，2008）。尽管这两种类型都被广泛地应用，但是与时间的稀缺性相比，数量的稀缺性更能激发消费者较强的购买意愿（Aggarwal et al.，2011）。与稀缺性产品相反，流行性产品则不具有稀缺性。对流行性产品常见的描述就是最畅销单品或者75%看了该产品的顾客最后都买了它。流行性产品只是提供了在市场上一般大众普遍的偏好信息，并以此来促进产品的销售。可见稀缺性产品和流行性产品是互斥的，并且会对消费者行为产生完全不同的影响。

因为礼物赠送就是把一般性产品的授予对象由自己转变成他人，那么既然产品可以被划分为稀缺的和流行的，我们认为礼物也可以被划分为稀缺性的礼物和流行性的礼物。在礼物赠送的研究领域，以往有很多研究证实了礼物接收者对不同礼物类型的感知（Flynn et al.，2009；Gino et al.，2011；Waldfogel，1993；Zhang et al.，2012）。但是尚未有研究探索礼物的稀缺性如何影响礼物接收者的感知与评价。基于本书前面提出的基本假设，我们认为礼物是否具有稀缺性会调节礼物接收者对过度包装礼物的评价。从以上的文献中，我们可以推断稀缺性的礼物会被赋予较高的感知价值。那么当礼物接收者收到的礼物具有稀缺性的限量版礼物时，他们就会赋予该礼物较高的价值，并以此来推断该礼物的选择是非常深思熟虑的。所以此时礼物的价值就成为判断礼物是否深思熟虑的最首要、最直接的线索，而包装则成为次要线索。但是由于包装兼具礼物沟通的功能，可以帮助礼物接收者评估礼物内在的属性（Olson et al.，1972），那么包装在某种程度上也应该与礼物本身的价值相匹配。如果一个稀缺性的礼物放在一个较为简单的包装里，除礼物本身的价值外，包装不具有任何可评估的内在价值，也不可能起到提升礼物附加价值的作用。相反，如果一个稀缺性的礼物放在一个包装较为奢华的盒子里，包装本身的内在价值就会凸显出来，同时也具有了提升礼物价值的辅助作用。因为此时礼物接收者已经通过稀缺性的感知断定礼物的价值较高，那么他们就不会将过度包装认作是礼物本身质量差、价值低的信号，所以我们认为对于感知价值比较高的礼物来讲，如稀缺性礼物，过度包装就是礼物质量差的刻板印象（Elgaaied-Gambier，2016）将被逆转，此时的过度包装不光具有一定的内在价值，还具有提升礼物价值感知的附加作用，让礼物接收者认为不仅礼物本身的选择是深思熟虑的，包装的选择也是深思熟虑的，因此总体上来讲对礼物的评价就会倾向于积极。相应地，对于一个流行性的礼物来讲，我们认为过度包装对礼物带来的负面影响作用仍然存在，因为流行性的礼物的选择既没有为礼物增添提升价值感知的线索，也没有办法证明礼物的选择是深思熟虑的，更会让礼物接收者认为赠礼者是在从众的基础上做出的礼物选择决策，即大家买什么我就买什么，就像中秋节一定要送月饼一样。所以综合过度包装和流行性礼物的特征，我们认为在礼物接收者收到流行性礼物的时候，他们对该礼物的评价仍然消极。由此，我们假设：

H6：礼物接收者对过度包装礼物的评价受到礼物稀缺性的调节（见图5-1）。

H6a：对于稀缺性的礼物来讲，礼物接收者对过度包装的稀缺性礼物（vs

非过度包装的稀缺性礼物）的赞赏程度和态度评价高（vs 低）。

H6b：对于不具有稀缺性的流行性礼物来讲，礼物接收者对过度包装的流行性礼物（vs 非过度包装的流行性礼物）的赞赏程度和态度评价低（vs 高）。

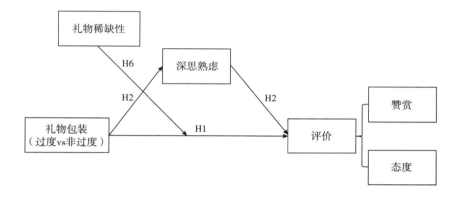

图 5-1 礼物接收者对过度包装礼物的评价受到礼物稀缺性的调节

5.1.2 礼物定制化的调节作用

以往的研究表明，礼物赠送者在挑选礼物时把选择能够满足礼物接收者偏好的礼物作为首要目标（Otnes et al.，1993；Sherry，1983；Steffel et al.，2014）。尽管这样的礼物赠送初衷是美好的，但现实的情况往往是，礼物赠送者常常不能正确地推断礼物接收者的偏好（Fagerlin et al.，2001；Krueger，2008；Marette et al.，2016；Pronin et al.，2008；Zhang et al.，2009）。因为想要准确地推断礼物接收者的偏好是非常困难的，只有在极少数的情况下礼物赠送者才能明确地知晓礼物接收者的偏好，抑或礼物接收者明确提出过自己的偏好或想要的礼物，即便是在这种情况下，礼物赠送者也有可能不按照礼物接收者所提出的要求选择礼物，因为他们往往觉得直接选择接收者明确提出要求的礼物是一种较为便捷的决策方式，并不能很好地表达自己赠礼的诚意或心思（Gino et al.，2011）。此外，很多时候礼物接收者的偏好是未知的，礼物赠送者只能猜测接收者的偏好，这种猜测的结果就是礼物赠送者对接收者的偏好预测失败，所选择的礼物不能获得礼物接收者的欢心（Baskin et al.，2014；Goodman et al.，2016）。

那么为了实现最大化地满足礼物接收者偏好的目标，有学者提供了一种方法就是为礼物接收者选择定制化的礼物（Steffel et al.，2014）。Steffel 等（2014）提出在为多个人选择礼物的时候，为了体现赠礼人选择礼物的深思熟虑程度，其会为每一个礼物接收者都选择一份定制化的礼物，即每个人收到的礼物都是不同的。但该篇论文是从礼物赠送者的角度出发的，礼物赠送者主观地认为为每一个人选择一份定制化的礼物足以显示自己挑选礼物的深思熟虑程度，但是礼物接收者对这些礼物的态度如何在该论文中却无从得知。我们以此为缺口进一步探究在过度包装的情境下，礼物接收者如何评价个性化或定制化的礼物。

每一个个体都是个性化的，每个人都享受着自我区别于他人的独特性（Snyder，1992）。以往的研究表明礼物赠送者会把自己对独特性、个性化的渴望带到礼物赠送的情境中（Givi et al.，2019），从而选择那些不给自身的独特性带来威胁的礼物。例如，一个礼物赠送者知道自己和他的好朋友都喜欢同一个篮球队，在好朋友过生日的时候他却没有选择送给朋友最喜爱球队的球鞋，而是选择了另外一个比较受大众欢迎的球队的球鞋，因为该礼物赠送者也拥有他们共同喜爱的球队的球鞋，出于对自我的个性化和独特性的保护，他就没有投其所好（Givi et al.，2019）。Ward 等（2011）的研究也表明礼物赠送者在给关系比较亲密的朋友选择礼物的时候会选择那些与自我身份相悖的礼物，因为礼物赠送者不想通过选择与身份一致性的礼物给自己的身份造成威胁，这个研究发现的本质也是礼物赠送者想要保持自我的个性化与独特性。

那么站在礼物接收者的角度来讲，他们也是希望礼物能够满足自己的个性化需求的，所以他们才会有的时候明确地提出自己希望获得什么样的礼物（Gino et al.，2011）。个性化需求的满足有助于提升消费者的感知价值（Merle et al.，2010；Yoo et al.，2016）。当礼物接收者获得了一份根据他们的喜好量身定制的个性化礼物的时候，我们认为礼物接收者对其的感知价值较高，因为一方面该礼物体现了礼物赠送者重视彼此的关系，投入了很多时间和精力去挑选礼物，另一方面该礼物也极大地满足了自身的偏好和个性化需求。基于本章开头的分析逻辑，我们认为相比简单的包装，过度包装更能提升礼物接收者对定制化礼物的积极评价。因为虽然此时包装不再是判断礼物是否深思熟虑的首要线索，但是作为次要线索，其也是具有内在价值的，并且还可以辅助提升礼物本身的价值，让礼物接收者觉得不管是礼物本身还是包装的选择都是深思熟虑的。相反地，对于那些不具有定制化或个性化特征的礼物来说，这些礼物和平常的礼物没有区别，礼物接收者从这些礼物上没有感受到较高的价值，所以还是只能依据包装来进行礼物是否深思熟虑的判断，那么礼物接收者对过度包装的非定制化礼物还将继续持有消极的评价。由此，我们假设：

H7：礼物接收者对过度包装礼物的评价受到礼物定制化的调节（见图5-2）。

H7a：对于定制化的礼物来讲，礼物接收者对过度包装的定制化礼物（vs 非过度包装的定制化礼物）的赞赏程度和态度评价高（vs 低）。

H7b：对于非定制化的礼物来讲，礼物接收者对过度包装的非定制化礼物（vs 非过度包装的非定制化礼物）的赞赏程度和态度评价低（vs 高）。

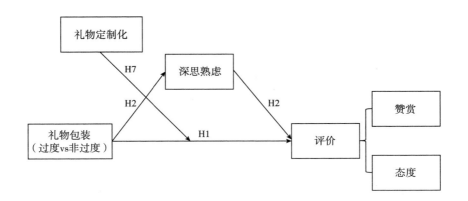

图5-2　礼物接收者对过度包装礼物的评价受到礼物定制化的调节

5.1.3 礼物情感价值的调节作用

礼物接收者从礼物中获得的效用是多方面的。Givi 等（2017）将礼物接收者从礼物中获得的效用分成两个部分：一是偏好匹配效用（Preference-matching Utility）；二是情感价值效用（Sentimental Value Utility）。偏好匹配效用是指当一个物体的表面成分符合自己的独特品位时，一个人从该物体获得的效用（Givi et al.，2017）。对于任何一个特定的物品来讲，物品的品牌、外表、颜色、形状、大小等因素是否符合一个人的品位，决定了一个人从该物品中获得的偏好匹配效用的大小。例如给一个周杰伦的歌迷送周杰伦的个人 CD，给电子游戏爱好者送游戏设备，给热爱国安球队的球迷送国安的球衣等都能使礼物接收者从礼物中最大化地获得偏好匹配效用。所以，礼物的表面属性与礼物接收者的独特偏好相匹配时，礼物接收者就获得了偏好匹配效用。与偏好匹配效用不同，情感价值效用源于一件物品与个人生活中某一珍贵方面的无形联系（Givi et al.，2017）。具体来说，情感价值是指从充满情感的物品中获得的价值，该物品一定要与重要的人、生活中特殊的事件或特殊的时刻紧密相关（Belk，1988，1991；Fletcher，2009；Yang et al.，2015）。情感价值不仅可以由某件物品瞬间唤起，也有可能随着时间的推移慢慢变得深厚（Yang et al.，2015）。需要注意的是，并不是所有的与其他人、过去的事件或某一时刻相关的物品都具有情感上的价值。正如定义里所说的，需要该物品的相关要素（重要的人或者重要的事）里至少有一个是"重要的"或者"特殊的"，并且是充满感情的，这一点至关重要。此外，带来情感价值的某些要素必须是与生活中的积极方面相关联，而与那些不喜欢的人、不开心的事无关（Yang et al.，2015）。比如一张照片，该照片是主人公和他的好朋友在高中毕业典礼上拍的，当他拿起照片时，立刻就会联想起照片中的好朋友（重要的人），回忆起和他们一起度过的难忘的高中生活（重要的事），所以这张照片对他来说是具有很高的情感价值的。再比如，在结婚 10 周年纪念日的时候妻子收到丈夫送来的一本相册，里面满满地装着两个人 10 年来拍过的大大小小的照片，记录着两个人一起走过的所有的地方，当接过这本相册翻看时，妻子就会立刻联想到和丈夫（重要的人）度过的这 10 年的点滴岁月（重要的事）。所以，以物品为载体，由它唤起的回忆也能让人感知到很高的情感价值。综合以上的分析我们可以看出，一个物品中既有物质价值，也有情感价值，是两种价值的共同体（List et al.，1998；Solnick et al.，1996）。

情感价值在日常生活中随处可见，但是在心理学和营销学领域，关于情感价值的研究还非常少。Hatzimoysis（2003）研究了情感价值作为一个概念与其他概念的区别，如与内部动机、外部动机、工具价值等的区别。Yang 等（2015）对情感价值进行了定义，并且探究了情感价值对享乐适应的影响，结果发现情感价值会减缓享乐适应的过程，也就是说延长了享乐体验的周期。Givi 等（2017）研究了礼物赠送者在情感价值高和偏好匹配的礼物中进行权衡的时候该如何做出选择，结果发现礼物赠送者会倾向于选择后者而不是前者，因为礼物赠送者可以肯定的是符合偏好的礼物一定会受到礼物接收者的喜爱，而不确定情感性的礼物是否会达到同样的效果，但意想不到的是礼物接收者却往往想收到具有情感价值的礼物。

本书在以上研究的基础上，将进一步探讨礼物的情感价值属性如何影响礼物接收者对过度包装礼物的评价。我们认为当礼物接收者收到具有情感价值属性的礼物时，他们会赋予该礼物较高的感知价值，因为该礼物一方面来自重要的人，不管是亲密的朋友还是伴侣，收到这样的礼物都能够增进彼此的感情，另一方面该礼物也代表着某些特殊的时间或事件带来的美好回忆。所以礼物接收者仅从礼物的情感价值本身就能推断礼物的选择是深思熟虑的，而礼物的包装此时就成了次要的决策线索。依据前面我们提出的逻辑，针对感知价值比较高的礼物来说，包装可以起到"锦上添花"的作用，即包装此时不仅具有一定的内在价值，还具有提升礼物价值的辅助作用。所以相比简单的包装，当礼物接收者收到的具有情感价值属性的礼物装在一个较为奢华的包装里时，礼物接收者不仅会认为该礼物本身的选择是深思熟虑的，还会认为礼物包装的选择也是深思熟虑的，那么从整体上来讲他们会对这样的礼物评价较高。试想，妻子在结婚纪念日的当天收到了丈夫送来的一个马克杯，上面印着两个人结婚当天的照片和两个人的名字，这个杯子就装在一个过度包装的盒子里，里面有爱心、星星、灯光等小装饰，虽然耗材较多，但是相比一个普通的手提袋来说，这样的包装肯定会让妻子喜出望外。相反地，对于那些不具有情感价值属性的礼物来说，我们认为其等同于一般的礼物，因为礼物接收者从该礼物身上不会感知到较高的价值，所以他们对该类礼物的评价还是主要通过包装作出的，那么他们对该类礼物的过度包装行为仍然会评价较低。由此，我们假设：

H8：礼物接收者对过度包装礼物的评价受到礼物情感价值的调节（见图5-3）。

H8a：对于具有情感价值的礼物来讲，礼物接收者对过度包装的情感价值礼物（vs 非过度包装的情感价值礼物）的赞赏程度和态度评价高（vs 低）。

H8b：对于不具有情感价值的礼物来讲，礼物接收者对过度包装的非情感价值礼物（vs 非过度包装的非情感价值礼物）的赞赏程度和态度评价低（vs 高）。

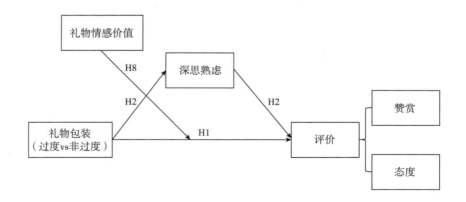

图5-3　礼物接收者对过度包装礼物的评价受到礼物情感价值的调节

5.2 实验 6

实验 6 的主要目的是验证假设 6，即稀缺性的礼物会逆转礼物接收者对过度包装礼物的消极评价，因为此时的稀缺性礼物本身感知价值较高，礼物接收者以礼物本身的价值为首要线索推断礼物本身的选择是深思熟虑的，而包装则成为次要的线索，但此时的包装本身也是具有提升礼物整体感知价值的附属作用，所以稀缺性的礼物和过度包装更匹配，能够提升礼物接收者对过度包装礼物的积极评价。而当礼物不具有稀缺性的时候，我们认为礼物接收者对过度包装礼物的消极评价仍然存在。此外，我们还要排除包装精美程度以及感知价值的干扰。

5.2.1 实验设计和流程

本实验采取 2（礼物包装：过度包装 vs 非过度包装）×2（礼物类型：稀缺性礼物 vs 流行性礼物）的组间实验设计，共计招募 211 名被试，样本平均年龄为 29.15 岁，其中男性样本占到 37%。所有被试被随机分配到 4 组实验情境中的一组。

首先，所有的被试被要求想象："您的生日就要到了，您的一位好友送了您一份生日礼物。该礼物是一个马克杯，您之前在网上购物的时候无意间看到过这款马克杯，于是经过一番搜索，您找到了这款马克杯的介绍。该马克杯售价 129 元，从以往的买家评论中您得知该马克杯质量较好，宝贝评价均分为 4.7 分（5 分满）。"然后，我们对礼物的类型进行了操控，被分配到稀缺性礼物组的被试会读到下面一段文字："另外，从产品的描述中，您还得知该马克杯出自一个著名的陶艺作家，是一款限量版的马克杯，全国限量发售 1000 只，售完后不会继续生产。"而被分配到流行性礼物组的被试则会读到下面的一段描述："另外，从产品的描述中，您还得知该马克杯最近特别流行，销量异常火爆，位居某网站马克杯类销量排行榜前三，87%想买马克杯的消费者最终都买了这款马克杯。"紧接着，我们就对礼物的包装进行了操控，被分配到非过度包装组的被试得知"该马克杯装在一个大小适中、比较简易的纸盒里"（见图5-4），而被分配到过度包装组的被试得知"该马克杯装在一个体积较大、耗材较多、较为奢华的包装盒里"（见图5-5）。

图 5-4　实验 6 使用的实验材料（非过度包装礼物）

图 5-5　实验 6 使用的实验材料（过度包装礼物）

其次，同以往的量表相同，所有被试对该礼物的赞赏程度（$\alpha = 0.838$）和态度（$\alpha = 0.854$）作出了评价。然后，被试对该礼物的包装精美程度和感知价值进行了评价。为了验证对礼物稀缺性的操控是否成功，被试还回答了礼物稀缺性的操控检验问题，即"您在多大程度上觉得该马克杯是非常稀缺的？（1=非常不稀缺，7=非常稀缺）"。最后被试回答了同以往研究相同的过度包装操控检验问题以及自己的性别和年龄。

5.2.2　实验结果

5.2.2.1　操控检验

首先，我们对礼物稀缺性的操控进行了检验，我们以礼物稀缺性的操控检验问题为因变量，礼物包装、礼物类型及其二者的交互项作为自变量进行了 ANOVA 分析。结果只析出了礼物类型的显著的主效应（$F_{(1, 207)} = 5.98$，$p < 0.05$），而没有析出其他任何显著的主效应或交互效应。具体来说，被分配到稀缺性礼物组的被试认为其所收到礼物的稀缺性要显著地高于被分配到流行性礼物组的被试对其所收到礼物的稀缺性的评价（$M = 5.29$，$SD = 0.12$ vs $M = 4.85$，$SD = 0.13$）。这证明我们对礼物稀缺性的操控是成功的。

其次，我们对礼物的过度包装进行了操控检验，我们以礼物过度包装的操控检验问题为因变量，礼物包装、礼物类型及其二者的交互项作为自变量再次进行了 ANOVA 分析，结果也只析出了显著的过度包装的主效应（$F_{(1, 207)} = 18.66$，$p < 0.001$），而其他主效应和交互效应都不显著。那些被分配到过度包装组的被试认为，他们所收到礼物的过度包装程度要显著地高于被分配到非过度包装组的被试对其所收到礼物的过度包装程度的评价（$M = 5.09$，$SD = 0.16$ vs $M = 4.14$，$SD = 0.15$）。所以我们对礼物过度包装的操控也是成功的。

5.2.2.2　赞赏程度

我们以赞赏程度为因变量，礼物包装、礼物类型及其二者的交互项作为自变量进行了 ANOVA 分析。首先没有显示任何显著的主效应，但是正如我们所预期的，礼物包装和礼物类型的交互作用显著（$F_{(1, 207)} = 11.94$，$p <$

0.01）（见图 5-6），当礼物接收者所收到的礼物是稀缺的限量版礼物时，他们对该礼物过度包装行为的赞赏程度要显著地高于对该礼物非过度包装行为的赞赏程度（M＝5.16，SD＝0.16 vs. M＝4.61，SD＝0.13，F（1，207）＝6.95，p<0.01），但是当礼物接收者所收到的礼物是不具有稀缺性的流行性礼物时，他们对该礼物的过度包装行为的赞赏程度要显著低于对该礼物非过度包装行为的赞赏程度（M＝4.64，SD＝0.14 vs. M＝5.14，SD＝0.18，F（1，207）＝5.13，p<0.05）。

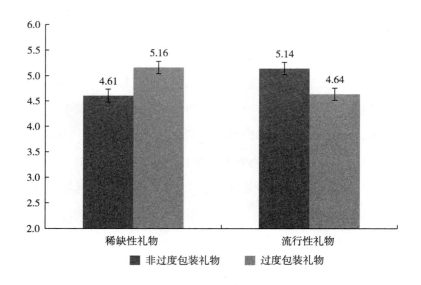

图 5-6　礼物稀缺性和礼物包装对赞赏程度的影响

5.2.2.3　态度

我们以态度为因变量，礼物包装、礼物类型及其二者的交互项作为自变量进行 ANOVA 分析。结果没有显示任何显著的主效应，但是礼物包装和礼物类型的交互作用也显著（F（1，207）＝12.55，p<0.001）（见图 5-7），具体来讲，当礼物接收者收到的礼物是稀缺性的限量版礼物时，其对该礼物过度包装行为的态度要显著地高于其对该礼物非过度包装行为的态度（M＝5.62，SD＝

0.18 vs. M＝5.01，SD＝0.15，F（1，207）＝6.74，p<0.01），而当礼物接收者收到的礼物不具有稀缺性的流行性礼物时，他们对该礼物过度包装行为的态度要显著地低于对该礼物非过度包装行为的态度（M＝4.83，SD＝0.15 vs. M＝5.45，SD＝0.20，F（1，207）＝5.86，p<0.05）。

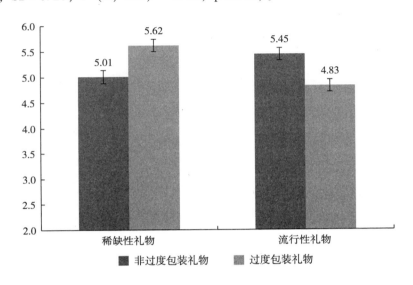

图 5-7　礼物稀缺性和礼物包装对态度的影响

5.2.2.4　包装精美和感知价值

我们将被试对礼物包装精美程度的评价作为因变量，礼物包装、礼物类型及其二者的交互项作为自变量进行了 ANOVA 分析，结果没有析出任何显著的主效应或交互效应（ps>0.05），所以我们可以排除包装精美度对本书假设的干扰。

最后我们将被试对礼物感知价值的评价作为因变量，礼物包装、礼物类型及其二者的交互项作为自变量进行了 ANOVA 分析，结果也没有析出任何显著的主效应或交互效应（ps>0.05），所以感知价值对该实验的假设没有影响。

5.2.3　小结

本实验的结果验证了假设 6，即当礼物接收者收到的礼物具有稀缺性时，如一份限量版的礼物，并且该礼物被包裹在一个较为奢华的包装里，那么礼物接收者对该礼物的态度积极，赞赏水平高。因为礼物接收者通过礼物本身的感知价值就可以推断礼物本身的选择是深思熟虑的。而此时的过度包装会让礼物接收者感觉到赠礼者不光挑选礼物深思熟虑，就连包装的选择也是精挑细选的。所以本实验初步验证了当礼物感知价值比较高的时候，礼物接收者对过度包装礼物的消极评价被逆转。而当礼物为非稀缺性的流行性礼物时，礼物接收者对过度包装礼物的消极评价仍然存在。此外，本实验再次排除了包装精美程度和感知价值对研究假设的干扰。由此可见，该实验存在效应的内在解释机制还是对礼物深思熟虑程度的评价，而不是对礼物感知价值的评价，感知价值只是用来侧面划分礼物类型的依据。

5.3　实验 7

实验 7 的主要目的是验证假设 7，即礼物的定制化可以逆转礼物接收者对过度包装礼物的消极评价。因为礼物如果是按照礼物接收者的独特偏好量身定制的，礼物接收者自然会认为礼物本身的选择是深思熟虑的，如果这样的定制化礼物再匹配上一个精心挑选的奢华的包装，我们预测礼物接收者对该礼物的评价会较为积极。而当礼物不是定制化的礼物时，我们认为其与一般的礼物无差异，所以礼物接收者对过度包装礼物的消极评价仍然存在。此外，本实验还要进一步排除包装精美程度、感知价值以及礼物接收者偏好的干扰。

5.3.1　实验设计和流程

本实验采用 2（礼物包装：过度包装 vs 非过度包装）×2（礼物类型：定制化礼物 vs 非定制化礼物）的组间实验设计，共计招募 226 名被试，样本平均年龄为 30.27 岁，其中男性样本占到 44.7%。所有被试被随机分配到 4 组实验情境中。

在实验的开头，我们先让所有被试读以下内容："现在请您想象，春节就要到了，您的一位好友为了表达节日的问候给您送了一份礼物。该礼物是一款运动手表，您之前在网上购物的时候无意间看到过这款手表，于是经过一番搜索，您找到了这款手表的介绍。该手表售价 269 元，从以往买家的评论中您得知该手表在功能设计和质量方面均表现良好，宝贝评价均分为 4.6 分（5 分满）。"然后我们对礼物的类型进行了操控，被分配到定制化礼物组的被试被告知"这位朋友选择送您运动手表是因为他/她观察到您平时比较喜欢跑步，经常在朋友圈里打卡自己的跑步记录，所以就给您挑选了一款运动手表作为礼物"，而被分配到非定制化礼物组的被试则没有读到以上文字，而是直接读到了关于礼物过度包装的操控文字。关于对过度包装的操控，被分配到非过度包装组的被试被告知"该手表装在一个大小适中、比较简易的包装盒里"（见图5-8），而被分配到过度包装组的被试被告知"该手表装在一个体积较大、耗材较多、较为奢华的包装盒里"（见图 5-9）。

图 5-8　实验 7 使用的实验材料（非过度包装礼物）

接下来，同以往的量表相同，所有被试对该礼物的赞赏程度（α = 0.757）和态度（α = 0.843）作出了评价，然后又对该礼物的包装精美程度和感知价值进行了评价。为了验证对礼物定制化的操控是否成功，被试还回答了礼物定

图 5-9 实验 7 使用的实验材料（过度包装礼物）

制化的操控检验问题，即"您在多大程度上同意该礼物是为您量身定制的？
（1＝非常不同意，7＝非常同意）"。此外，为了控制被试的偏好所带来的影响，被试还回答了自己平时是否真的喜欢跑步（"您平时喜欢跑步吗？"1＝非常不喜欢，7＝非常喜欢）。最后被试回答了同以往研究相同的过度包装操控检验问题以及自己的性别和年龄。

5.3.2 实验结果

5.3.2.1 操控检验

首先，我们以定制化程度的操控检验问题为因变量，礼物包装、礼物类型及其二者的交互项作为自变量进行了 ANOVA 分析，结果只显示了显著的礼物定制化的主效应（$F (1, 222) = 4.84$，$p < 0.05$），那些被分配到定制化组的被试认为其所收到的礼物定制化程度要显著地高于被分配到非定制化组的被试对其所收到礼物定制化程度的评价（$M = 5.31$，$SD = 0.12$ vs. $M = 4.93$，$SD = 0.12$）。这证明我们对礼物定制化的操控是成功的。

其次，我们以礼物过度包装操控检验问题为因变量，礼物包装、礼物类型及其二者的交互项作为自变量进行了 ANOVA 分析，结果也只析出了显著的过度包装的主效应（F（1，222）= 30.36，p<0.001），被分配到过度包装组的被试认为其所收到礼物的过度包装程度要显著地高于被分配到非过度包装组的被试对其所收到礼物的过度包装程度的评价（M = 5.21，SD = 0.16 vs. M = 3.97，SD = 0.16）。所以我们对过度包装的操控也是成功的。

5.3.2.2 赞赏程度

我们以赞赏程度为因变量，礼物包装、礼物类型及其二者的交互项为自变量又进行了 ANOVA 分析，结果没有析出任何显著的主效应，但是正如我们所预期的，礼物包装和礼物类型的交互作用显著（F（1，222）= 9.63，p<0.01）（见图5-10），具体来说，当礼物是根据礼物接收者的偏好量身定制时，礼物接收者对过度包装的定制化礼物的赞赏程度要显著地高于对非过度包装的定制化礼物的赞赏程度（M = 5.26，SD = 0.13 vs. M = 4.82，SD = 0.14，F（1，222）= 5.03，p<0.05）；相反地，当礼物不是根据礼物接收者的偏好量身定制时，礼物接收者对该礼物过度包装行为的赞赏程度还是显著地低于对该礼物非过度包装行为的赞赏程度（M = 4.87，SD = 0.14 vs. M = 5.29，SD = 0.14，F（1，222）= 4.61，p<0.05）。

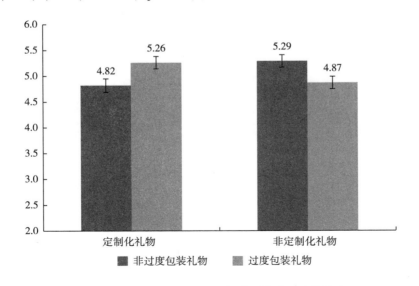

图5-10 礼物定制化和礼物包装对赞赏程度的影响

5.3.2.3　态度

我们以态度为因变量，礼物包装、礼物类型及其二者的交互项为自变量进行了 ANOVA 分析，结果没有析出任何显著的主效应，但是正如我们所预期的，礼物包装和礼物类型的交互作用显著（F（1，222）= 9.32，p<0.01）（见图 5-11），具体来讲，当礼物接收者收到的礼物是根据自身的偏好量身定制时，他们对该礼物过度包装行为的态度要显著地高于对该礼物非过度包装行为的态度（M = 5.48，SD = 0.17 vs. M = 4.96，SD = 0.19，F（1，222）= 4.47，p<0.05）；相反地，当礼物接收者收到的礼物不是定制化的礼物时，他们对该礼物过度包装行为的态度要显著地低于对该礼物非过度包装行为的态度（M = 4.79，SD = 0.18 vs. M = 5.35，SD = 0.18，F（1，222）= 4.85，p<0.05）。

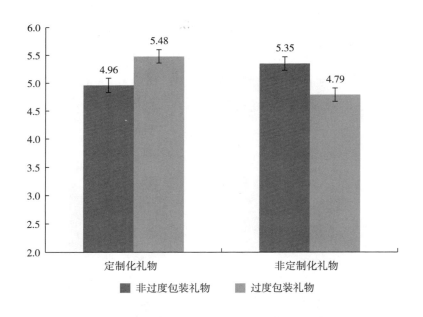

图 5-11　礼物定制化和礼物包装对态度的影响

5.3.2.4　包装精美、感知价值和偏好

之后我们以包装精美程度为因变量，礼物包装、礼物类型及其二者的交互

项作为自变量进行了 ANOVA 分析,结果没有显示任何显著的主效应或交互效应(ps>0.05),所以我们可以排除包装精美程度对该实验假设的影响。

同样地,我们以感知价值为因变量,礼物包装、礼物类型及其二者的交互项作为自变量进行了 ANOVA 分析,结果没有显示任何显著的主效应和交互效应(ps>0.05),所以我们可以排除感知价值对该实验假设的影响。

最后我们以偏好为因变量,礼物包装、礼物类型及其二者的交互项作为自变量进行了 ANOVA 分析,结果也没有显示任何显著的主效应和交互效应(ps>0.05),所以我们也可以排除偏好对该实验假设的影响。

5.3.3 小结

本实验的结论支持了假设 7,实验结果证明当礼物是根据礼物接收者的偏好量身定制的时候,那么礼物接收者会觉得这样的礼物非常深思熟虑,如果这样的礼物又被包裹在一个过度包装的奢华的盒子里,那么礼物接收者会觉得不仅礼物本身的选择是花费了很多心思的,就连包装也是精挑细选过的,所以对礼物整体的评价就更为积极,那么此时的包装起到的就是提升礼物整体积极评价的作用。而当礼物为非定制化的礼物时,礼物接收者对过度包装礼物的消极评价仍然存在。在该实验中,我们又一次排除了包装精美程度、感知价值和礼物接收者偏好对本书假设的影响,再次证实了本书主假设的鲁棒性。

5.4 实验 8

实验 8 的主要目的是验证假设 8,我们期望具有情感价值的礼物可以逆转礼物接收者对过度包装礼物的消极评价。因为礼物接收者可以通过礼物较高的情感价值推断礼物本身的选择是深思熟虑的,如果再辅以奢华的包装,礼物整体的深思熟虑程度就会被再度提升，礼物接收者对这样的礼物评价就会相对积极。而当礼物不具有情感价值属性的时候，我们认为其与一般的礼物无差异，所以礼物接收者对过度包装礼物的消极评价仍然存在。此外，在本实验中我们还要再次排除感知价值的干扰。

5.4.1　实验设计和流程

本实验同样采用 2（礼物包装：过度包装 vs 非过度包装）×2（礼物类型：具有情感价值属性的礼物 vs 不具有情感价值属性的礼物）的组间实验设计，共计招募 216 名被试，样本平均年龄为 29.14 岁，其中男性样本占到 44.4%。所有被试被随机分配到 4 组实验情境中的一组。

首先，所有的被试都被要求想象他们的生日就要到了，他们的一位好友送来了一份生日礼物。然后我们对礼物的类型进行了操控，参照 Givi 等（2017）对礼物情感价值的操控方法，被分配到具有情感价值属性组的被试被告知该礼物是"您和好友几年前在大学毕业典礼上拍的照片，照片被打印出来装裱在一个相框里，看到这张照片时立刻勾起了您对美好大学时光的怀念"，而被分配到不具有情感价值属性组的被试仅仅被告知"该礼物是一个相框，方便您平时装裱照片"。随后，我们对该礼物的包装进行了操控，同样地，被分配到非过度包装组的被试被告知"该礼物装在一个大小适中、比较简易的纸盒里"，而过度包装组的被试则被告知"该礼物装在一个体积较大、耗材较多、较为奢华的包装盒里"。

接下来，被试对该礼物的赞赏程度（$\alpha = 0.721$）和态度（$\alpha = 0.818$）进行了报告，同样也对礼物的感知价值进行了评价。为了验证我们对礼物情感价值属性的操控是否成功，我们还让被试回答了关于礼物情感价值属性的操控检验问题（"您在多大程度上同意该礼物是具有情感价值的?" 1 = 非常不同意，7 = 非常同意）。最后被试照例回答了关于礼物过度包装操控检验的问题，也报告了自己的年龄和性别。

5.4.2 实验结果

5.4.2.1 操控检验

首先，我们以礼物情感价值的操控检验问题为因变量，礼物包装、礼物类型及其二者的交互项作为自变量进行了 ANOVA 分析，结果只析出了边际显著的情感价值的主效应（F（1，212）= 3.61，p = 0.06），收到具有情感价值礼物的被试对其所收到礼物的情感价值程度的评价要显著地高于收到不具有情感价值礼物的被试对其所收到礼物的情感价值程度的评价（M = 5.69，SD = 0.10 vs M = 5.41，SD = 0.10），所以我们对礼物情感价值的操控是成功的。

然后我们以礼物过度包装的操控检验问题为因变量，礼物包装、礼物类型及其二者的交互项作为自变量进行了 ANOVA 分析，结果也只显示了显著的过度包装的主效应（F（1，212）= 17.22，p<0.001），被分配到过度包装组的被试认为其所收到礼物的过度包装程度要显著地高于被分配到非过度包装组的被试对其所收到礼物的过度包装程度的评价（M = 5.23，SD = 0.15 vs M = 4.34，SD = 0.15），因此我们对过度包装的操控也是成功的。

5.4.2.2 赞赏程度

我们以赞赏程度为因变量，礼物包装、礼物类型及其二者的交互项为自变量进行了 ANOVA 分析，结果没有报告任何显著的主效应，但是正如我们所预期的，礼物包装和礼物类型的交互作用显著（F（1，212）= 7.91，p<0.01）（见图 5-12），当礼物具有情感价值的属性时，礼物接收者对过度包装的情感价值礼物的赞赏程度要显著地高于对非过度包装的情感价值礼物的赞赏程度（M = 5.26，SD = 0.13 vs M = 4.87，SD = 0.14，F（1，212）= 4.29，p<0.05）；相反地，当礼物不具有情感价值的属性时，礼物接收者对过度包装的非情感价值礼物的赞赏程度要显著地低于对非过度包装的非情感价值礼物的赞赏程度（M = 4.81，SD = 0.14 vs M = 5.18，SD = 0.14，F（1，212）= 3.64，p = 0.06）。

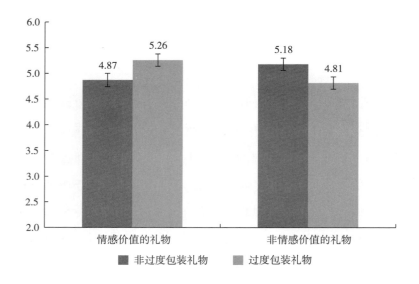

图 5-12　礼物情感价值和礼物包装对赞赏程度的影响

5.4.2.3　态度

我们以态度为因变量，礼物包装、礼物类型及其二者的交互项为自变量进行了 ANOVA 分析，结果没有显示任何显著的主效应，但是礼物包装和礼物类型的交互作用显著（F（1，212）= 7.50，p<0.01）（见图 5-13）。具体来讲，当礼物具有情感价值的属性时，礼物接收者对过度包装的情感价值礼物的态度要显著地高于对非过度包装的情感价值礼物的态度（M = 5.53，SD = 0.16 vs M = 5.09，SD = 0.17，F（1，212）= 3.48，p = 0.06），而当礼物不具有情感价值的属性时，礼物接收者对过度包装的非情感价值礼物的态度要显著地低于对非过度包装的非情感价值礼物的态度（M = 5.01，SD = 0.17 vs M = 5.50，SD = 0.17，F（1，212）= 4.01，p<0.05）。

5.4.2.4　感知价值

我们以感知价值为因变量，礼物包装、礼物类型及其二者的交互项为自变量再次进行了 ANOVA 分析，结果没有显示任何显著的主效应或交互效应（ps>0.05），所以我们再次排除了感知价值对本实验假设的影响。

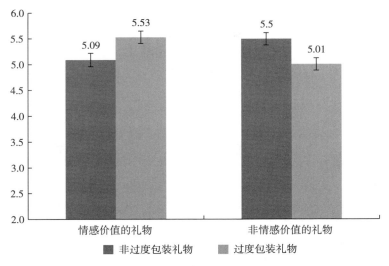

图 5-13　礼物情感价值和礼物包装对态度的影响

5.4.3　小结

本实验的结果证明假设 8 成立，当礼物接收者收到的礼物是具有情感价值属性时，礼物接收者认为这样的礼物更应该装在一个奢华的包装里，因为这样会让礼物接收者觉得不仅礼物本身的选择是深思熟虑的，礼物的包装也是精挑细选过的，所以对该礼物的整体评价积极。因此，具有情感价值属性的礼物逆转了礼物接收者对过度包装礼物的消极评价。而当礼物为不具有情感价值属性的礼物时，礼物接收者对过度包装礼物的消极评价仍然存在。此外，我们再次排除了礼物感知价值的干扰，证明了本书主假设的鲁棒性。

5.5　本章小结

在本章的内容中，我们通过三个实验发现当礼物本身是稀缺的、定制化的以及具有情感价值属性的时候，礼物接收者对过度包装礼物的消极评价被逆转。因为此时这类礼物本身的感知价值较高，礼物接收者可以直接通过礼物本身的价值来推断礼物的选择就是深思熟虑的，所以礼物的价值就成为推断礼物是否深思熟虑的首要的线索，而包装则被取代进而成为次要的线索，但包装此时也是具有一定的价值的，可以帮助提升礼物整体的积极评价，让礼物接收者认为不仅礼物本身的选择是深思熟虑过的，就连包装的选择也是考虑周全的。相反地，当礼物本身不具有稀缺性、不是定制化的、不具有情感价值属性时，礼物接收者对过度包装礼物的消极评价仍然存在。此外，在本章的实验中，我们再次排除了礼物包装精美程度、感知价值和偏好一致性对研究结果的干扰，再次证实了主假设的鲁棒性。

综上，连同第3章和第4章的内容我们发现，当过度包装作为首要的线索推断礼物是否深思熟虑时，礼物接收者对过度包装礼物的评价消极，而当礼物本身的感知价值取代包装成为推断礼物是否深思熟虑的首要线索，过度包装成为次要的辅助线索时，礼物接收者对过度包装礼物的评价倾向于积极。

第6章 结论和讨论

6.1 研究结论

本书旨在研究礼物接收者对过度包装礼物的感知和评价，主要研究问题有以下三个方面：第一，礼物接收者如何对过度包装礼物进行感知和评价？评价是消极的还是积极的？第二，礼物接收者对过度包装礼物感知和评价的内在心理机制是什么？第三，什么因素影响礼物接收者对过度包装礼物的评价？哪些因素导致礼物接收者对过度包装礼物的消极评价？哪些因素导致礼物接收者对过度包装礼物的积极评价？导致不同评价产生的原因是什么？根据以上三个研究问题我们提出了 8 个研究假设，进而形成了礼物接收者对过度包装礼物评价的整体研究框架（见图 6-1），并通过 9 个实验对整体的研究框架和所有的研究假设进行了检验，结果表明所有的假设都得到了验证，下面我们将对研究结论逐一进行阐述。

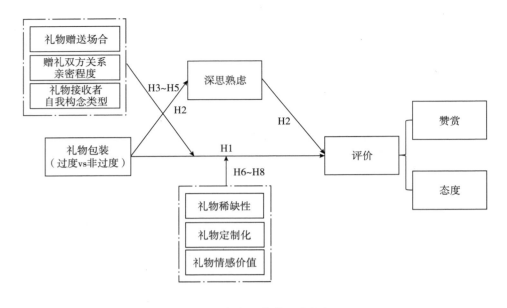

图 6-1 假设和整体研究框架

首先，在第 3 章内容中，我们发现礼物接收者对过度包装礼物的评价消极，包括对过度包装礼物的态度消极和赞赏水平低。通过一个预调查，我们发现礼物过度包装的现象很普遍，接近 70% 的被调查对象都有收到过度包装礼物的经历。在此基础之上，我们开始了本书的主体研究部分。我们首先通过两个主实验，实验 1a 和实验 1b，验证了礼物接收者对过度包装礼物的消极评价。在这两个实验中，实验 1a 对过度包装礼物的评价是通过组内的实验设计实现的，实验 1b 是通过组间的实验设计实现的，我们发现不管是组内的实验设计还是组间的实验设计，被试对过度包装礼物的态度和赞赏程度都要显著地低于对非过度包装礼物的评价。同时在这两个实验中，我们也引入了礼物赠送者的角色对被试进行操控，目的就是呈现礼物赠送者和礼物接收者双方对过度包装礼物的不对称性感知。即便赠礼者一味地追求过度包装的礼物，但是礼物接收者对此并不买账。所以这两个实验的结论较为一致地证实了从礼物接收者的角度来讲，他们并不喜欢收到过度包装的礼物，也不感激赠礼者的用心。与此同时，我们还排除了感知价值和包装精美程度对该结论的干扰，证实了研究结论的鲁棒性。

其次，我们发现对礼物深思熟虑程度的评价中介了礼物接收者对过度包装礼物的评价。在实验 2 中我们发现，礼物接收者对过度包装礼物的消极评价是因为他们觉得礼物赠送者在进行礼物选择的时候是通过包装作出的礼物购买决策，决策过程浮于包装表面，不够深思熟虑，进而推断礼物本身的选择也不够深思熟虑，所以对该礼物的态度消极，赞赏水平低。同时为了再次验证本书主效应的鲁棒性，我们再一次排除了感知价值和包装精美程度的影响。此外，在实验 1a、实验 1b 和实验 2 中，我们用了三种不同的过度包装的刺激材料，在一定程度上也保证了研究结论的外部效度。

再次，在第 4 章的内容中，我们发现礼物赠送的场合、礼物赠送者和礼物接收者之间关系的亲密程度以及礼物接收者的自我构念类型调节礼物接收者对过度包装礼物的评价。具体来讲，在实验 3 中我们发现，在正式的仪式场合下，礼物接收者对过度包装礼物的消极评价被放大，因为在此类场合下，很多人迫于压力赠礼，礼物接收者同时也可能是别人的赠礼者，所以他们能较为容易地推测到赠礼者的礼物决策过程是通过包装作出的，不够深思熟虑，而在自发性的场合下，该效应被削弱。此外，在实验 4 中我们发现，当赠礼双方的关系较为疏远的时候，礼物接收者对过度包装礼物的消极评价也被放大，因为此时双方不够了解，礼物接收者不能准确地推断赠礼者的赠礼目的，所以只能依据过度包装推断礼物的选择不够深思熟虑，而当双方的关系较为亲密的时候该效应被削弱。再有，在实验 5 中我们发现，当礼物接收者是互依型自我的时候，其对过度包装的消极评价也被放大，因为此时礼物接收者会较为敏锐地捕捉到礼物和包装之间的关系，将包装视作礼物的一部分，认为以过度包装为依据选择的礼物不够深思熟虑，而当礼物接收者是独立型自我的时候，该效应也被削弱。值得注意的是，在以上的几个实验中我们交替使用了不同的操控过度包装的实验材料，以保证实验的外部效度。我们也进一步排除了包装精美、感知价值、期望和偏好一致性对本书主要假设的干扰。所以综合来看，当礼物接收者以过度包装为主要线索对礼物进行评价时，评价结果趋向于消极，同时赠礼场合、赠礼双方亲密程度和礼物接收者的自我构念类型会放大或削弱过度包装的线索作用。

最后，我们在第5章的内容中发现了当礼物的感知价值比较高的时候，礼物接收者对过度包装礼物的消极评价被逆转。因为此时礼物接收者可以通过礼物较高的感知价值直接推断礼物本身的选择就是深思熟虑的，礼物的价值成为判断礼物是否深思熟虑的首要线索，而包装则成为附属线索。但包装此时也不是没有价值的，在此时过度包装可以起到提升礼物整体感知价值的作用。通过三个实验，我们发现三种感知价值比较高的礼物，即稀缺性的礼物、定制化的礼物和具有情感价值属性的礼物可以提升礼物接收者对过度包装礼物的积极评价。具体来讲，当礼物接收者收到的是限量版的礼物时，由于稀缺性能促使人们感知到较高的价值，所以礼物接收者认为这样的礼物是非常深思熟虑的，如果再配合一份华丽的包装，礼物接收者对这份礼物会大加赞赏。当礼物接收者收到的是根据他们自身的喜好量身定制的礼物时，他们对该礼物的深思熟虑程度评价也较高，过度包装也会进一步提升他们对该礼物整体的评价，所以整体上来讲礼物接收者对该礼物的态度和赞赏程度高。当礼物接收者收到的礼物具有情感价值属性的时候，如一份能勾起美好回忆的照片，他们也会将关注点聚焦到礼物本身的价值上，如果这张珍贵的照片精心包裹，那么礼物接收者也会喜出望外。相反地，当礼物不具有稀缺性、定制化和情感价值的属性时，它们与一般性的礼物没有差别，礼物接收者对这些礼物的过度包装行为评价也趋向消极。值得注意的是，在这部分研究内容中，我们创新性地研究了以往研究中很少被关注的两种礼物类型，即稀缺性的礼物和具有情感价值的礼物，同时对这两种礼物的操控有别于先前的实验，所以这就进一步确保了本书研究结论的广泛性。

综上所述，当礼物接收者对过度包装礼物的评价是以包装为首要线索的时候，他们对过度包装礼物的态度消极、赞赏水平低，对礼物本身深思熟虑程度的评价中介了该效应，同时赠礼场合、赠礼双方的亲密程度以及礼物接收者的自我构念类型对该效应起到正向调节作用。相反地，当礼物的感知价值取代了过度包装作为推断礼物是否深思熟虑的首要线索地位时，过度包装对这些礼物则起到"锦上添花"的作用，礼物接收者认为这些礼物深思熟虑程度高，进而对其态度积极、赞赏程度高，礼物稀缺性、礼物定制化和礼物的情感价值属性对该积极评价起到调节作用。

6.2　研究贡献

本书首先最大的理论贡献和创新之处在于对礼物赠送领域关于过度包装的问题进行了深入的研究和探讨。虽然市场上礼物过度包装的现象屡见不鲜，但是学术界对该问题的探讨尚处于起步阶段，以往关于过度包装的研究也多是从环境保护、可持续发展等角度展开的（Elgaaied‑Gambier，2016；Monnot et al.，2015），关于过度包装在礼物赠送领域所扮演的角色尚未有研究提及。本书在以往相关研究的基础之上，探究了礼物接收者对过度包装礼物的感知和评价，我们发现礼物接收者对过度包装礼物的评价消极，不管是对过度包装礼物的态度还是对其的赞赏程度，都呈现了消极的态势。因为礼物接收者认为通过过度包装进行礼物选择的决策不够深思熟虑。同时我们还研究了哪些因素可以调节礼物接收者对过度包装礼物的消极评价，以及在什么情况下这些消极评价会被逆转。整体的研究内容和研究框架都较好地拓展了关于礼物过度包装问题的相关研究内容。

其次，本书对礼物包装的相关研究也有巨大的贡献。以往关于包装的研究多是从普通意义上的产品包装入手，探讨了包装的视觉设计元素和包装的特征对消费者的影响（Cheskin，1971；Faison，1961，1962；Schucker，1959），但是很少有研究探索包装在礼物赠送领域所扮演的角色。通过对文献的梳理我们发现目前关于礼物包装的研究为数不多，只有几篇，包括对礼物是否需要包装（Howard，1992）、包装整洁程度（Rixom et al.，2020）以及包装精美程度（李达军，2020）等问题的探讨。我们的研究结论充实了礼物包装领域的相关研究结果，创新性地将一般性的礼物包装问题延伸到礼物的过度包装问题。与以往的研究不谋而合（Larsen et al.，2001），我们发现包装在某些特定的情况下，不仅存在一定的内在价值，也对礼物本身的价值感知存在附加的影响。

再次，本书对礼物赠送领域的相关研究也有一定的贡献，主要体现在以下几个方面：第一，本书从礼物接收者的视角充实了礼物接收者如何对礼物进行感知和评价的相关文献。以往关于礼物赠送的研究将着眼点于多关注赠礼者如何挑选礼物来最大化地满足礼物接收者的偏好，选择什么样的礼物才能显示自己的赠礼心意，怎样赠礼才能增强彼此的关系等（Flynn et al.，2009；Gino et al.，2011；Kupor et al.，2017；Waldfogel，1993；Zhang et al.，2012），只有少数的研究关注了礼物接收者如何对礼物进行感知和评价（Baskin et al.，2014；Flynn et al.，2009；Ward et al.，2016），然而礼物接收者对礼物的感知和评价恰恰就是决定礼物赠送是否成功的关键。所以为了充实相关的研究成果，本书从礼物接收者的视角出发探究了礼物接收者对过度包装礼物的评价。第二，本书通过实验1a和实验1b初步呈现了礼物赠送者和礼物接收者对过度包装礼物的不对称性感知，这与以往关于赠礼双方对礼物产生不对称性评价的相关研究结论是一致的（Adam et al.，2012；Galak et al.，2016；Teigen et al.，2005），本书又从礼物过度包装的角度扩充了该类研究的范围。第三，本书通过证实礼物深思熟虑程度中介礼物接收者对过度包装礼物的评价，进一步充实了关于赠礼心意的研究内容（Flynn et al.，2009；Zhang et al.，2012）。以往关于礼物赠送的研究证实了价格或者挑选礼物时所投入的努力和花费的心思，可以作为礼物是否深思熟虑的信号（Flynn et al.，2009），在此基础之上我们通过研究发现包装也是一个可以反映赠礼者是否精心挑选礼物、礼物是否有心意的重要信号。第四，本书还丰富了礼物赠送领域关于礼物类型的相关研究。在本书第三部分的研究内容中我们探索了当礼物感知价值比较高的时候过度包装的积极作用，并且引入稀缺性礼物、定制化礼物和情感价值礼物作为主要的礼物类型进行研究，这在以往的研究中是比较少见的，所以对这几种礼物类型尤其是对稀缺性礼物和情感价值礼物的研究具有一定的创新性。第五，本书从礼物接收者如何对过度包装礼物进行感知和评价的结果变量入手，从对结果的感知和评价进而推断赠礼过程的心理变量，证明了评价的结果和评价的过程是相互交织产生影响的，所以我们从礼物赠送的研究领域丰富了结果和过程存在互动性影响的相关文献（Zeelenberg et al. , 2007）。

最后，我们将礼物接收者对过度包装礼物的感知和评价分为两个方面：一是对礼物的态度；二是对礼物的赞赏程度，以往关于礼物赠送的研究主要从某一行为或结果变量出发（Flynn et al. , 2009；Gino et al. , 2011），探讨人们对礼物的评价，我们的研究内容对此起到了一定的整合和拓展的作用。

6.3　管理启示

探讨礼物接收者对过度包装礼物的感知和评价具有重要的实践意义，不仅可以给相关的企业提供管理和实践的指导，而且还会对个体消费者的赠礼策略提供科学的建议。

首先，本书的研究内容有助于帮助企业认识到礼物过度包装存在的问题，并制定正确的礼物营销策略。企业应该意识到礼物的赠送者和接收者是两个互相独立的个体，将礼物包裹在极度奢华的包装里在一定程度上能够满足赠礼者的虚荣心，但是很多企业都忽略了最为重要的一点，那就是礼物接收者才是礼物真正的使用者，其对包装的重视程度远不如对礼物本身的重视程度。所以企业还是应该把更多的精力放在如何提升礼物本身的感知质量和感知价值上，并针对赠礼者不同的需求设计不同的包装，不要一味地追求过度包装，并尽量避免产生不必要的浪费。另外本书的研究结论也有利于增强企业的环境保护意识。过度包装不但在原材料上造成了资源的巨大浪费，从可持续发展的角度来说也加重了自然环境的负担。但是在礼物赠送的市场上，过度包装的现象却屡见不鲜，大行其道，这完全与全社会都在倡导的"厉行节约、反对浪费"的理念背道而驰，这背后其实就是赠礼人的虚荣心在作祟。如果企业在设计包装的时候能够从环保的角度出发，大力倡导绿色消费、环保包装，不但能够减轻环境的压力和负担，也能有效遏制市场上过度包装的不良现象。

其次，本书的研究内容也能帮助赠礼者树立正确的赠礼观念。虽然他们对过度包装的礼物趋之若鹜，但现实的情况往往是礼物接收者对过度包装礼物的评价远低于他们的预期。所以这就提醒赠礼者在进行礼物选择的时候，应该更多地关注礼物本身的价值，而不是将关注点过多地聚焦于包装是否奢华。此外，如果赠礼人能够真正设身处地地为礼物接收者考虑，多了解其偏好，进而在礼物的选择上多花费心思，即便是很小的礼物也能给礼物接收者带来惊喜，因为礼物中所包含的心意才是赠礼的黄金法则。所以礼物的选择没有捷径可言，如果赠礼者越是想通过包装帮助自己简化礼物选择的过程、减少所需投入的认知努力，最后的结果就会越不尽如人意。

再次，礼物赠送者在进行赠礼的时候应综合考虑赠礼的场合、与礼物接收者之间的关系以及礼物接收者的性格特质等问题。我们通过研究发现礼物接收者在正式的仪式场合，对过度包装礼物的评价更为消极，所以赠礼者在此场合下进行赠礼的时候，对礼物的选择就要多花费一些心思。因为在这样的场合下，迫于赠礼的压力，大家都倾向于减少礼物选择所需要付出的努力而用过度包装来帮助自己做快速的决策，那么此时赠礼者若是能够反其道而行之，则会收到意想不到的效果。再有，如果礼物接收者和礼物赠送者双方的关系比较疏远，我们更不建议赠礼者选择过度包装的礼物，因为此时的礼物接收者对赠礼方不够了解，不能准确地推断其赠礼的动机，只能靠包装来判断礼物的好坏，那么此时过度包装对礼物所产生的负面效应将被凸显。因此我们建议赠礼者，如果其赠礼的目的很明确，可以精心地去挑选一份合适的礼物，以此为载体恰当地表达出自己赠礼的用意，不要让礼物接收者产生不重视彼此关系的错觉。此外，赠礼者还要考虑礼物接收者的性格特质，如果礼物接收者平时比较注重培养和维系与周围人之间的关系，自己的生活和工作更多地依赖于周围的人或事，那么此时也不适合选择过度包装的礼物，因为此类礼物接收者较为擅长建立事物之间彼此的联系，会较为敏锐地通过包装洞悉礼物选择的过程。因此，我们建议赠礼者在赠礼之前需要深入地了解礼物接收者的性格和偏好。

最后，我们的研究结论发现对于那些感知价值比较高的礼物来说，过度包装起到的则是"锦上添花"的作用，所以我们建议赠礼者在挑选礼物的时候最重要的还是要关注礼物本身的价值，花费一定的时间和精力去挑选一些比较特别的礼物。比如，限量版的礼物、为礼物接收者量身定制的礼物、能够勾起礼物接收者美好回忆的礼物等。因为对于这些礼物而言，其本身的感知价值较高，有助于摆脱过度包装就是礼物质量差、价值低的刻板印象，更为重要的是此时的包装不但具有了一定的内在价值，也会起到帮助提升礼物整体感知价值的附属作用。所以如果礼物本身是花费了很多心思挑选的，并且是具有较高的感知价值的，这时赠礼者如果再能精心挑选一个华丽的包装与之搭配，礼物接收者在收到礼物时一定会喜出望外。

6.4　研究不足及未来研究方向

本书虽然研究了礼物接收者对过度包装礼物的评价，并提出了一些有价值的理论意义和管理实践意义，但是本书仍然存在一些局限和不足，希望未来的研究可以针对这些局限和不足进行有益的尝试。

第一，我们对于礼物类型的操控虽然采用了几种不同的操控方式，但是操控范围仍然比较狭窄，仅涉及了红酒、茶叶、钢笔、马克杯、手表、照片等具象的礼物类型，未来的研究可以从体验型等多个角度展开去探究不同类型的礼物是否适用于过度包装。

第二，本书将礼物的价格都控制在较低的水平，礼物的平均价格都不高，虽然第三部分研究内容提出了感知价值影响礼物接收者对过度包装礼物的评价，但我们是从以往的文献中推断这些礼物的感知价值较高，并没有从价格上对其进行操控，未来的研究中可以从这个角度出发，选取价值比较高的礼物，如奢侈品，来进一步探究礼物接收者对这类礼物过度包装行为的评价。

第三，本书一个预调查和九个实验均是在线上收集的数据，缺乏线下的实验室实验和田野实验，未来的研究可以用田野实验的方法来进一步验证本书的研究结论是否成立。

第四，本书验证了对礼物深思熟虑程度的评价中介了礼物接收者对过度包装礼物的评价，并排除了感知价值、包装精美程度、期望和偏好一致性等的干扰，但是在第5章的研究内容中我们提出是因为感知价值导致的礼物接收者对过度包装礼物消极评价的逆转，然而我们并没有直接验证感知价值是否为可能的中介变量，未来的研究可以对该问题进行进一步探索。

第五，虽然我们在第3章的研究内容中探索了礼物赠送场合对主效应的调节作用，但是各种不同赠礼场合的划分归根结底还是赠礼动机的划分，然而我们并没有对赠礼的动机进行测量或者操控，所以未来的研究也可以对赠礼的动机给予更多的关注。

第六，虽然我们在第4章的研究内容中提出了赠礼双方亲密程度对主效应的调节作用，但是我们没有关注其他类型的亲密关系，如情侣、夫妻等，未来的研究也可以从这方面着手进行探索。

第七，虽然我们在主体实验中排除了包装精美程度对主效应的干扰，即实验材料在美学感知上没有显著差异，但很多过度包装的礼物其包装也是很精美的，未来可以探究过度包装和精美包装如何进行结合以及会给消费者的感知带来什么影响。

参考文献

［1］ Aaker J L, Maheswaran D. The effect of cultural orientation on persuasion ［J］. Journal of Consumer Research, 1997, 24 (3): 315-328.

［2］ Adams G S, Flynn F J, Norton M I. The gifts we keep on giving: Documenting and destigmatizing the regifting taboo ［J］. Psychological Science, 2012, 23 (10): 1145-1150.

［3］ Aggarwal P, Jun S Y, Huh J H. Scarcity messages ［J］. Journal of Advertising, 2011, 40 (3): 19-30.

［4］ Aknin L B, Human L J. Give a piece of you: Gifts that reflect givers promote closeness ［J］. Journal of Experimental Social Psychology, 2015, 60: 8-16.

［5］ Algoe S B, Haidt J, Gable S L. Beyond reciprocity: Gratitude and relationships in everyday life ［J］. Emotion, 2008, 8 (3): 425.

［6］ Ampuero O, Vila N. Consumer perceptions of product packaging ［J］. Journal of Consumer Marketing, 2006, 23 (2): 102-114.

［7］ Antón C, Camarero C, Gil F. The culture of gift giving: What do consumers expect from commercial and personal contexts? ［J］. Journal of Consumer Behaviour, 2014, 13 (1): 31-41.

［8］ Areni C S, Kiecker P, Palan K M. Is it better to give than to receive?

Exploring gender differences in the meaning of memorable gifts ［J］. Psychology and Marketing, 1998, 15（1）: 81-109.

［9］ Aron A, Aron E N, Smollan D. Inclusion of other in the self scale and the structure of interpersonal closeness ［J］. Journal of Personality and Social Psychology, 1992, 63（4）: 596.

［10］ Aron A, Aron E N, Tudor M, et al. Close relationships as including other in the self ［J］. Journal of Personality and Social Psychology, 1991, 60 （2）: 241.

［11］ Babin B J, Gonzalez C, Watts C. Does Santa have a great job? Gift shopping value and satisfaction ［J］. Psychology and Marketing, 2007, 24 （10）: 895-917.

［12］ Banerjee A V, Duflo E. The economic lives of the poor ［J］. Journal of Economic Perspectives, 2007, 21 （1）: 141-168.

［13］ Banks S. The measurement of the effect of a new packaging material upon preference and sales ［J］. The Journal of Business of the University of Chicago, 1950, 23（2）: 71-80.

［14］ Baskin E, Wakslak C J, Trope Y, et al. Why feasibility matters more to gift receivers than to givers: A construal-level approach to gift giving ［J］. Journal of Consumer Research, 2014, 41 （1）: 169-182.

［15］ Beatty S E, Kahle L R, Homer P. Personal values and gift-giving behaviors: A study across cultures ［J］. Journal of Business Research, 1991, 22 （2）: 149-157.

［16］ Beisswanger A H, Stone E R, Hupp J M, et al. Risk taking in relationships: Differences in deciding for oneself versus for a friend ［J］. Basic and Applied Social Psychology, 2003, 25 （2）: 121-135.

［17］ Belk R W, Coon G S. Gift giving as agapic love: An alternative to the exchange paradigm based on dating experiences ［J］. Journal of Consumer Research, 1993, 20 (3): 393-417.

［18］ Belk R W. It's the thought that counts: A signed digraph analysis of gift-giving ［J］. Journal of Consumer Research, 1976, 3 (3): 155-162.

［19］ Belk R W. Perfect gift, in gift giving ［J］. A Research Anthology, Otnes CC, Beltramini RF (eds). Bowling Green State University Popular Press: Bowling Green, USA, 1996, 59-84.

［20］ Belk R W. Possessions and the extended self ［J］. Journal of Consumer Research, 1988, 15 (2): 139-168.

［21］ Belk R W. The ineluctable mysteries of possessions ［J］. Journal of Social Behavior and Personality, 1991, 6 (6): 17.

［22］ Belk R W. Gift giving behavior ［M］. JAI Press, 1979.

［23］ Bem D J. Self-perception theory ［J］. Advances in Experimental Social Psychology, 1972, 6 (1): 1-62.

［24］ Berkowitz M. Product shape as a design innovation strategy ［J］. Journal of Product Innovation Management, 1987, 4 (4): 274-283.

［25］ Berscheid E, Snyder M, Omoto A M. The relationship closeness inventory: Assessing the closeness of interpersonal relationships ［J］. Journal of Personality and Social Psychology, 1989, 57 (5): 792.

［26］ Bettman J R, Luce M F, Payne J W. Constructive consumer choice processes ［J］. Journal of Consumer Research, 1998, 25 (3): 187-217.

［27］ Bloch P H. Seeking the ideal form: Product design and consumer response ［J］. Journal of Marketing, 1995, 59 (3): 16-29.

［28］ Bone P F, Corey R J. Ethical dilemmas in packaging: beliefs of packaging professionals ［J］. Journal of Micromarketing, 1992, 12 (1): 45-54.

［29］ Bone P F, Corey R J. Packaging ethics: Perceptual differences among packaging professionals, brand managers and ethically – interested consumers [J]. Journal of Business Ethics, 2000, 24 (3): 199–213.

[30] Bonner P G, Nelson R. Product attributes and perceived quality: Foods [J]. Lexington Books, 1985.

[31] Booth A. Responses to scarcity [J]. Sociological Quarterly, 1984, 25 (1): 113–124.

[32] Bradford T W, Sherry Jr J F. Orchestrating rituals through retailers: An examination of gift registry [J]. Journal of Retailing, 2013, 89 (2): 158–175.

[33] Brock T C. Implications of commodity theory for value change [M]. in Psychological foundations of attitudes. Academic Press, 1968: 243–275.

[34] Brown R L. Wrapper influence on the perception of freshness in bread [J]. Journal of Applied Psychology, 1958, 42 (4): 257.

[35] Byun S E, Sternquist B. Here today, gone tomorrow: Consumer reactions to perceived limited availability [J]. Journal of Marketing Theory and Practice, 2012, 20 (2): 223–234.

[36] Camerer C. Gifts as economic signals and social symbols [J]. American journal of Sociology, 1988, 94: S180–S214.

[37] Caplow T. Rule enforcement without visible means: Christmas gift giving in Middletown [J]. American Journal of Sociology, 1984, 89 (6): 1306–1323.

[38] Cavanaugh L A, Gino F, Fitzsimons G J. When doing good is bad in gift giving: Mis-predicting appreciation of socially responsible gifts [J]. Organizational Behavior and Human Decision Processes, 2015, 131: 178–189.

[39] Chae B, Hoegg J A. The future looks "right": Effects of the horizontal location of advertising images on product attitude [J]. Journal of Consumer Research, 2013, 40 (2): 223–238.

[40] Chaiken S. Heuristic versus systematic information processing and the use

of source versus message cues in persuasion ［J］ . Journal of Personality and Social Psychology, 1980, 39 (5): 752.

［41］ Chakravarthy M V, Booth F W. Eating, exercise, and "thrifty" geno-types: connecting the dots toward an evolutionary understanding of modern chronic diseases ［J］ . Journal of Applied Physiology, 2004.

［42］ Chan C, Mogilner C. Experiential gifts foster stronger social relationships than material gifts ［J］ . Journal of Consumer Research, 2017, 43 (6): 913-931.

［43］ Cheal D. The gift economy ［M］ . Routledge, 2015.

［44］ Cheal, D. Gifts in contemporary North America. In C. Otnes & R. F. Bel-tramini (Eds.), Gift giving: A research anthology. Bowling Green, OH: Bowling Green State University Popular Press, 1996.

［45］ Chen H, Bolton L E, Ng S, et al. Culture, relationship norms, and dual entitlement ［J］ . Journal of Consumer Research, 2018, 45 (1): 1-20.

［46］ Chen S, Duckworth K, Chaiken S. Motivated heuristic and systematic processing ［J］ . Psychological Inquiry, 1999, 10 (1): 44-49.

［47］ Cheng A, Meloy M G, Polman E. Picking gifts for picky people ［J］ . Journal of Retailing, 2020.

［48］ Cheskin L. Your package: marketing success or disaster ［J］ . Package Engineering, 1971.

［49］ Chinchanachokchai S, Pusaksrikit T. The role of self-construal in roman-tic gift posting across social networking sites ［J］ . Computers in Human Behavior, 106665, 2020.

［50］ Choi W J, Park J H, Yoon H J. Your gift choice for your boss versus your subordinate would not be the same: The interplay of power and giver-receiver role on consumers' gift preferences ［J］ . Journal of Business Research, 2018, 91: 1-7.

［51］ Chung J E, Pil Yu J, Thorndike Pysarchik D. Cue utilization to assess food product quality: a comparison of consumers and retailers in India ［J］. International Review of Retail, Distribution and Consumer Research, 2006, 16 （2）: 199–214.

［52］ Cialdini R B. Influence: Science and practice ［M］. Boston, MA: Pearson Education, 2009.

［53］ Cialdini R B. Influence: The psychology of persuasion ［M］. New York: Collins, 2006.

［54］ Cialdini, R. B. Influence: Science and practice （3rd ed.） ［M］. New York: Harper Collins, 1993.

［55］ Cousins S D. Culture and self-perception in Japan and the United States ［J］. Journal of Personality and Social Psychology, 1989, 56 （1）: 124.

［56］ Cross S E, Morris M L, Gore J S. Thinking about oneself and others: The relational-interdependent self-construal and social cognition ［J］. Journal of Personality and Social Psychology, 2002, 82 （3）: 399.

［57］ Davies G, Whelan S, Foley A, et al. Gifts and gifting ［J］. International Journal of Management Reviews, 2010, 12 （4）: 413–434.

［58］ Davis M H, Conklin L, Smith A, et al. Effect of perspective taking on the cognitive representation of persons: A merging of self and other ［J］. Journal of Personality and Social Psychology, 1996, 70 （4）: 713.

［59］ Dichter, E. Handbook of Consumer Motivation ［M］. McGraw-Hill, New York, NY, 1964.

［60］ Dorsch M J, Kelley S W. An investigation into the intentions of purchasing executives to reciprocate vendor gifts ［J］. Journal of the Academy of Marketing Science, 1994, 22 （4）: 315–327.

［61］ Drolet A, Luce M F, Simonson I. When does choice reveal preference?

Moderators of heuristic versus goal－based choice ［J］. Journal of Consumer Research, 2009, 36（1）: 137-147.

［62］ Dubois D, Rucker D D, Galinsky A D. Social class, power, and self-ishness: When and why upper－and lower－class individuals behave unethically ［J］. Journal of Personality and Social Psychology, 2015, 108（3）: 436.

［63］ Dunn E W, Huntsinger J, Lun J, et al. The gift of similarity: How good and bad gifts influence relationships ［J］. Social Cognition, 2008, 26（4）: 469-481.

［64］ Elgaaied-Gambier L, Monnot E, Reniou F. Using descriptive norm appeals effectively to promote green behavior ［J］. Journal of Business Research, 2018, 82: 179-191.

［65］ Elgaaied-Gambier L. Who buys overpackaged grocery products and why? Understanding consumers' reactions to overpackaging in the food sector ［J］. Journal of Business Ethics, 2016, 135（4）: 683-698.

［66］ Epley N, Keysar B, Van Boven L, et al. Perspective taking as egocentric anchoring and adjustment ［J］. Journal of Personality and Social Psychology, 2004, 87（3）: 327.

［67］ Epley N, Savitsky K, Gilovich T. Empathy neglect: Reconciling the spotlight effect and the correspondence bias ［J］. Journal of Personality and Social Psychology, 2002, 83（2）: 300.

［68］ Fagerlin A, Ditto P H, Danks J H, et al. Projection in surrogate decisions about life-sustaining medical treatments ［J］. Health Psychology, 2001, 20（3）: 166.

［69］ Faison, E. W. J. Package design: An aid to design, visual research, Inc. , Chicago, 1962.

［70］ Faison, E. W. J. The application of research to packaging ［J］. Business

Horizons, 1961, 4: 39-40.

[71] Fischer E, Gainer B, Arnold S J. Gift giving and charitable donating: How (dis) similar are they? [J]. Gift-giving: A research anthology, 1996: 175-194.

[72] Fletcher G. Sentimental value [J]. The Journal of Value Inquiry, 2009, 43 (1): 55-65.

[73] Flynn F J, Adams G S. Money can't buy love: Asymmetric beliefs about gift price and feelings of appreciation [J]. Journal of Experimental Social Psychology, 2009, 45 (2): 404-409.

[74] Galak J, Givi J, Williams E F. Why certain gifts are great to give but not to get: A framework for understanding errors in gift giving [J]. Current Directions in Psychological Science, 2016, 25 (6): 380-385.

[75] Galinsky A D, Ku G, Wang C S. Perspective-taking and self-other overlap: Fostering social bonds and facilitating social coordination [J]. Group Processes and Intergroup Relations, 2005, 8 (2): 109-124.

[76] Galinsky A D, Magee J C, Inesi M E, et al. Power and perspectives not taken [J]. Psychological Science, 2006, 17 (12): 1068-1074.

[77] Garber L L, Burke R R, Jones J M. The role of package color in consumer purchase consideration and choice [M]. Cambridge, MA: Marketing Science Institute, 2000.

[78] Garcia-Retamero R, Galesic M. Doc, what would you do if you were me? On self-other discrepancies in medical decision making [J]. Journal of Experimental Psychology: Applied, 2012, 18 (1): 38.

[79] Gardner W L, Gabriel S, Lee A Y. "I" value freedom, but "we" value relationships: Self-construal priming mirrors cultural differences in judgment [J]. Psychological Science, 1999, 10 (4): 321-326.

［80］ Georgakoudis E D, Tipi N S. An investigation into the issue of overpackaging-examining the case of paper packaging ［J］. International Journal of Sustainable Engineering, 2020: 1-10.

［81］ Gierl H, Huettl V. Are scarce products always more attractive? The interaction of different types of scarcity signals with products' suitability for conspicuous consumption ［J］. International Journal of Research in Marketing, 2010, 27 (3): 225-235.

［82］ Gierl H, Plantsch M, Schweidler J. Scarcity effects on sales volume in retail ［J］. The International Review of Retail, Distribution and Consumer Research, 2008, 18 (1): 45-61.

［83］ Gino F, Flynn F J. Give them what they want: The benefits of explicitness in gift exchange ［J］. Journal of Experimental Social Psychology, 2011, 47 (5): 915-922.

［84］ Gitlin T. Media unlimited, revised edition: How the torrent of images and sounds overwhelms our lives ［M］. Macmillan, 2007.

［85］ Givi J, Galak J. Selfish prosocial behavior: Gift-giving to feel unique ［J］. Journal of the Association for Consumer Research, 2019, 5 (1): 34-43.

［86］ Givi J, Galak J. Sentimental value and gift giving: Givers' fears of getting it wrong prevents them from getting it right ［J］. Journal of Consumer Psychology, 2017, 27 (4): 473-479.

［87］ Goldstein N J, Cialdini R B. The spyglass self: A model of vicarious self-perception ［J］. Journal of Personality and Social Psychology, 2007, 92 (3): 402.

［88］ Goodman J K, Lim S. When consumers prefer to give material gifts instead of experiences: The role of social distance ［J］. Journal of Consumer Research, 2018, 45 (2): 365-382.

[89] Goodman J K, Malkoc S A, Stephenson B L. Celebrate or commemorate? A material purchase advantage when honoring special life events [J]. Journal of the Association for Consumer Research, 2016, 1 (4): 497-508.

[90] Goodman J. Giving happiness: Do experiential gifts lead to more happiness? [J]. ACR North American Advances, 2014.

[91] Goodwin C, Smith K L, Spiggle S. Gift giving: Consumer motivation and the gift purchase process [J]. ACR North American Advances, 1990.

[92] Gordon A, Finlay K, Watts T. The psychological effects of color in consumer product packaging [J]. Canadian Journal of Marketing Research, 1994, 13 (3): 3-11.

[93] Griskevicius V, Ackerman J M, CantúS M, et al. When the economy falters, do people spend or save? Responses to resource scarcity depend on childhood environments [J]. Psychological Science, 2013, 24 (2): 197-205.

[94] Grossman H I, Mendoza J. Scarcity and appropriative competition [J]. European Journal of Political Economy, 2003, 19 (4): 747-758.

[95] Gruenfeld D H, Inesi M E, Magee J C, et al. Power and the objectification of social targets [J]. Journal of Personality and Social Psychology, 2008, 95 (1): 111.

[96] Gunasti K, Baskin E. Is a $ 200 Nordstrom gift card worth more or less than a $ 200 GAP gift card? The asymmetric valuations of luxury gift cards [J]. Journal of Retailing, 2018, 94 (4): 380-392.

[97] Harkness A R, DeBono K G, Borgida E. Personal involvement and strategies for making contingency judgments: A stake in the dating game makes a difference [J]. Journal of Personality and Social Psychology, 1985, 49 (1): 22.

[98] Hatzimoysis A. Sentimental value [J]. The Philosophical Quarterly, 2003, 53 (212): 373-379.

［99］ Hayes A F. Introduction to mediation, moderation, and conditional process analysis: A regression-based approach ［M］. Guilford Publications, 2017.

［100］ Hellström D, Nilsson F. Logistics-driven packaging innovation: A case study at IKEA ［J］. International Journal of Retail and Distribution Management, 2011.

［101］ Hendry, J. Wrapping Culture ［M］. Oxford: Clarendon Press, 1993.

［102］ Hill C, Romm C T. The role of mothers as gift givers: A comparison across three cultures ［J］. ACR North American Advances, 1996.

［103］ Holland R W, Roeder U R, Rick B. van B, et al. Don't stand so close to me: The effects of self-construal on interpersonal closeness ［J］. Psychological Science, 2004, 15 (4): 237-242.

［104］ Holland R W, Verplanken B, van Knippenberg A. From repetition to conviction: Attitude accessibility as a determinant of attitude certainty ［J］. Journal of Experimental Social Psychology, 2003, 39 (6): 594-601.

［105］ Howard D J. Gift-wrapping effects on product attitudes: A mood-biasing explanation ［J］. Journal of Consumer Psychology, 1992, 1 (3): 197-223.

［106］ Hsee C K, Weber E U. A fundamental prediction error: Self-others discrepancies in risk preference ［J］. Journal of Experimental Psychology: General, 1997, 126 (1): 45.

［107］ Husted, K. Holidays put the bow on the gift-wrapping industry. Retrieved from https: //www. marketplace. org/2015/12/23/business/holidays-put-bow-gift-wrapping-industry, 2015.

［108］ Hwang J, Chu W. The effect of others' outcome valence on spontaneous gift-giving behavior ［J］. European Journal of Marketing, 2019, 53 (4): 785-805.

［109］ Jonas E, Schulz-Hardt S, Frey D. Giving advice or making decisions in someone else's place: The influence of impression, defense, and accuracy motivation on the search for new information [J]. Personality and Social Psychology Bulletin, 2005, 31 (7): 977-990.

[110] Joy A. Gift giving in Hong Kong and the continuum of social ties [J]. Journal of Consumer Research, 2001, 28 (2): 239-256.

[111] Kim N, Kim S. To whom and when to give: Effects of intimacy and obligation on expressive motives, gift choice, and information search in gift giving [J]. Journal of Consumer Behaviour, 2019, 18 (4): 301-312.

[112] Kitayama S, Imada T. Defending cultural self: A dual-process analysis of cognitive dissonance [J]. Advances in Motivation and Achievement, 2008, 15: 171-207.

[113] Komter A. E. The gift: An interdisciplinary perspective [M]. Amsterdam University Press, 1996.

[114] Kray L J. Contingent weighting in self-other decision making [J]. Organizational Behavior and Human Decision Processes, 2000, 83 (1): 82-106.

[115] Kray L, Gonzalez R. Differential weighting in choice versus advice: I'll do this, you do that [J]. Journal of Behavioral Decision Making, 1999, 12 (3): 207-218.

[116] Krishnamurthy P, Kumar P. Self-other discrepancies in waiting time decisions [J]. Organizational Behavior and Human Decision Processes, 2002, 87 (2): 207-226.

[117] Kristofferson K, McFerran B, Morales A C, et al. The dark side of scarcity promotions: How exposure to limited-quantity promotions can induce aggression [J]. Journal of Consumer Research, 2017, 43 (5): 683-706.

[118] Krueger J I. From social projection to social behaviour [J]. European Review of Social Psychology, 2008, 18 (1): 1-35.

[119] Ku H H, Kuo C C, Kuo T W. The effect of scarcity on the purchase in-

tentions of prevention and promotion motivated consumers ［J］. Psychology and Marketing, 2012, 29 (8): 541-548.

［120］Kupor D, Flynn F, Norton M I. Half a gift is not half-hearted: A giver-receiver asymmetry in the thoughtfulness of partial gifts ［J］. Personality and Social Psychology Bulletin, 2017, 43 (12): 1686-1695.

［121］Lalwani A K, Shavitt S. The "me" I claim to be: Cultural self-construal elicits self-presentational goal pursuit ［J］. Journal of Personality and Social Psychology, 2009, 97 (1): 88.

［122］Lalwani A K, Shavitt S. You get what you pay for? Self-construal influences price-quality judgments ［J］. Journal of Consumer Research, 2013, 40 (2): 255-267.

［123］Laran J, Salerno A. Life-history strategy, food choice, and caloric consumption ［J］. Psychological Science, 2013, 24 (2): 167-173.

［124］Laran J. Goal management in sequential choices: Consumer choices for others are more indulgent than personal choices ［J］. Journal of Consumer Research, 2010, 37 (2): 304-314.

［125］Larsen D, Watson J J. A guide map to the terrain of gift value ［J］. Psychology and Marketing, 2001, 18 (8): 889-906.

［126］Lincoln C W. Total brand identification through packaging ［C］//New Directions in Marketing: Proceedings, 48th National Conference, Chicago: American Marketing Association, 1965: 147-148.

［127］List J A, Shogren J F. The deadweight loss of Christmas: Comment ［J］. The American Economic Review, 1998, 88 (5): 1350-1355.

［128］Liu P J, Dallas S K, Fitzsimons G J. A framework for understanding consumer choices for others ［J］. Journal of Consumer Research, 2019, 46 (3): 407-434.

［129］Lowrey T M, Otnes C C, Ruth J A. Social influences on dyadic giving over time: A taxonomy from the giver's perspective ［J］. Journal of Consumer Research, 2004, 30 (4): 547-558.

［130］Lu J, Xie X, Xu J. Desirability or feasibility: Self-other decision-making differences ［J］. Personality and Social Psychology Bulletin, 2013, 39 (2): 144-155.

［131］Lu S, Yang L, Liu W, et al. User preference for electronic commerce overpackaging solutions: Implications for cleaner production ［J］. Journal of Cleaner Production, 120936, 2020.

［132］Lynn M. Scarcity effects on value: A quantitative review of the commodity theory literature ［J］. Psychology and Marketing, 1991, 8 (1): 43-57.

［133］Lynn M. The psychology of unavailability: Explaining scarcity and cost effects on value ［J］. Basic and Applied Social Psychology, 1992, 13 (1): 3-7.

［134］Magnier L, CriéD. Communicating packaging eco-friendliness ［J］. International Journal of Retail and Distribution Management, 2015, 43 (4/5): 350.

［135］Magnier L, Schoormans J. Consumer reactions to sustainable packaging: The interplay of visual appearance, verbal claim and environmental concern ［J］. Journal of Environmental Psychology, 2015, 44: 53-62.

［136］Malinowski, B. Argonauts of the Western Pacific: An Account of Native Enterprise and Adventure in the Archipelagos of Melanesian New Guinea, London: Routledge and Kegan Paul, 1978.

［137］Marette S, Lusk J L, Norwood F B. Choosing for others ［J］. Applied Economics, 2016, 48 (22): 2093-2111.

［138］Markus H R, Kitayama S. Culture and the self: Implications for cognition, emotion, and motivation ［J］. Psychological Review, 1991, 98 (2): 224.

［139］ Masuda T, Ellsworth P C, Mesquita B, et al. Placing the face in context: cultural differences in the perception of facial emotion ［J］. Journal of Personality and Social Psychology, 2008, 94 （3）: 365.

［140］ Mauss, M. The gift: Forms and functions of exchange in archaic societies ［M］. London: Cohen and West, 1954.

［141］ McDaniel C, Baker R C. Convenience food packaging and the perception of product quality ［J］. Journal of Marketing, 1977, 41 （4）: 57.

［142］ Mehta R, Zhu M. Creating when you have less: The impact of resource scarcity on product use creativity ［J］. Journal of Consumer Research, 2016, 42 （5）: 767-782.

［143］ Merle A, Chandon J L, Roux E, et al. Perceived value of the mass-customized product and mass customization experience for individual consumers ［J］. Production and Operations Management, 2010, 19 （5）: 503-514.

［144］ Miaoulis G, d'Amato N. Consumer confusion and trademark infringement: Presents a new, broadened concept of consumer confusion, illustrated by research results in the Tic Tac case ［J］. Journal of Marketing, 1978, 42 （2）: 48-55.

［145］ Monga A B, John D R. Cultural differences in brand extension evaluation: The influence of analytic versus holistic thinking ［J］. Journal of Consumer Research, 2007, 33 （4）: 529-536.

［146］ Monga A B, John D R. What makes brands elastic? The influence of brand concept and styles of thinking on brand extension evaluation ［J］. Journal of Marketing, 2010, 74 （3）: 80-92.

［147］ Monga A B, John D R. When does negative brand publicity hurt? The moderating influence of analytic versus holistic thinking ［J］. Journal of Consumer Psychology, 2008, 18 （4）: 320-332.

[148] Monnot E, Parguel B, Reniou F. Consumer responses to elimination of overpackaging on private label products [J]. International Journal of Retail and Distribution Management, 2015, 43 (4/5): 329-349.

[149] Monnot E, Reniou F, Parguel B, et al. "Thinking outside the packaging box": Should brands consider store shelf context when eliminating overpackaging? [J]. Journal of Business Ethics, 2019, 154 (2): 355-370.

[150] Morling B, Kitayama S, Miyamoto Y. Cultural practices emphasize influence in the United States and adjustment in Japan [J]. Personality and Social Psychology Bulletin, 2002, 28 (3): 311-323.

[151] Muehling D D. An investigation of factors underlying attitude-toward-advertising-in-general [J]. Journal of Advertising, 1987, 16 (1): 32-40.

[152] Mueller S, Lockshin L, Louviere J J. What you see may not be what you get: Asking consumers what matters may not reflect what they choose [J]. Marketing Letters, 2010, 21 (4): 335-350.

[153] Nisbett R E, Peng K, Choi I, et al. Culture and systems of thought: Holistic versus analytic cognition [J]. Psychological Review, 2001, 108 (2): 291.

[154] Olson J C, Jacoby J. Cue utilization in the quality perception process [J]. ACR Special Volumes, 1972.

[155] Orth U R, De Marchi R. Endurance of advertising-evoked brand image beliefs in the face of product trial [J]. Journal of Food Products Marketing, 2007, 13 (1): 31-44.

[156] Othman M N, Ong F S, Shen A T M. Occasions and motivations for gift-giving: A comparative study of Malay and Chinese consumers in urban Malaysia [J]. Asia Pacific Management Review, 2005, 10 (3).

[157] Otnes C, Beltramini R F. Gift giving: A research anthology [M].

Popular Press, 1996.

[158] Otnes C, Lowrey T M, Kim Y C. Gift selection for easy and difficult recipients: A social roles interpretation [J] . Journal of Consumer Research, 1993, 20 (2): 229-244.

[159] Paolacci G, Straeter L M, De Hooge I E. Give me yourself: Gifts are liked more when they match the giver's characteristics [J] . Journal of Consumer Psychology, 2015, 25 (3): 487-494.

[160] Park S Y. A comparison of Korean and American gift-giving behaviors [J] . Psychology and Marketing, 1998, 15 (6): 577-593.

[161] Parks M R, Floyd K. Meanings for closeness and intimacy in friendship [J] . Journal of Social and Personal Relationships, 1996, 13 (1): 85-107.

[162] Payne J W, Bettman J R, Johnson E J. Adaptive strategy selection in decision making [J] . Journal of Experimental Psychology: Learning, Memory, and Cognition, 1988, 14 (3): 534.

[163] Payne J W, Bettman J R, Johnson E J. The adaptive decision maker: Effort and accuracy in choice [M] . Cambridge University Press: Cambridge, UK, 1997.

[164] Perkins A W, Forehand M R. Implicit self-referencing: The effect of nonvolitional self-association on brand and product attitude [J] . Journal of Consumer Research, 2012, 39 (1): 142-156.

[165] Pilditch, J. The silent salesman: How to develop packaging that sells, B. T [M] . Batsford Limited, London, 1957.

[166] Pillai R G, Krishnakumar S. Elucidating the emotional and relational aspects of gift giving [J] . Journal of Business Research, 2019, 101: 194-202.

[167] Pöhlmann C, Carranza E, Hannover B, et al. Repercussions of self-construal for self-relevant and other-relevant choice [J] . Social Cognition, 2007,

25 (2): 284-305.

[168] Polman E, Emich K J. Decisions for others are more creative than decisions for the self [J]. Personality and Social Psychology Bulletin, 2011, 37 (4): 492-501.

[169] Polman E. Effects of self-other decision making on regulatory focus and choice overload [J]. Journal of Personality and Social Psychology, 2012, 102 (5): 980.

[170] Polman E. Information distortion in self - other decision making [J]. Journal of Experimental Social Psychology, 2010, 46 (2): 432-435.

[171] Polman E. Self-other decision making and loss aversion [J]. Organizational Behavior and Human Decision Processes, 2012, 119 (2): 141-150.

[172] Prendergast C, Stole L. The non-monetary nature of gifts [J]. European Economic Review, 2001, 45 (10): 1793-1810.

[173] Prendergast G, Pitt L. Packaging, marketing, logistics and the environment: Are there trade-offs? [J]. International Journal of Physical Distribution and Logistics Management, 1996, 26 (6): 60-72.

[174] Pronin E, Olivola C Y, Kennedy K A. Doing unto future selves as you would do unto others: Psychological distance and decision making [J]. Personality and Social Psychology Bulletin, 2008, 34 (2): 224-236.

[175] Pusaksrikit T, Kang J. The impact of self-construal and ethnicity on self-gifting behaviors [J]. Journal of Consumer Psychology, 2016, 26 (4): 524-534.

[176] Raghubir P, Krishna A. Vital dimensions in volume perception: Can the eye fool the stomach? [J]. Journal of Marketing Research, 1999, 36 (3): 313-326.

[177] Richardson P S, Dick A S, Jain A K. Extrinsic and intrinsic cue effects

on perceptions of store brand quality [J]. Journal of Marketing, 1994, 58 (4): 28-36.

[178] Rigaux-Bricmont B. Influences of brand name and packaging on perceived quality [J]. ACR North American Advances, 1982.

[179] Rim S Y, Min K E, Liu P J, et al. The gift of psychological closeness: How feasible versus desirable gifts reduce psychological distance to the giver [J]. Personality and Social Psychology Bulletin, 2019, 45 (3): 360-371.

[180] Rixom J M, Mas E M, Rixom B A. Presentation matters: The effect of wrapping neatness on gift attitudes [J]. Journal of Consumer Psychology, 2020, 30 (2): 329-338.

[181] Robben H S J, Verhallen T M M. Behavioral costs as determinants of cost perception and preference formation for gifts to receive and gifts to give [J]. Journal of Economic Psychology, 1994, 15 (2): 333-350.

[182] Ross L, Greene D, House P. The "false consensus effect": An egocentric bias in social perception and attribution processes [J]. Journal of Experimental Social Psychology, 1977, 13 (3): 279-301.

[183] Roux C, Goldsmith K, Bonezzi A. On the psychology of scarcity: When reminders of resource scarcity promote selfish (and generous) behavior [J]. Journal of Consumer Research, 2015, 42 (4): 615-631.

[184] Rubin Z. Measurement of romantic love [J]. Journal of Personality and Social Psychology, 1970, 16 (2): 265.

[185] Rubin, Z. Liking and loving [M]. New York: Holt, Rinehart and Winston, 1973.

[186] Rucker D D, Dubois D, Galinsky A D. Generous paupers and stingy princes: Power drives consumer spending on self-versus others [J]. Journal of Consumer Research, 2011, 37 (6): 1015-1029.

［187］ Rucker D D, Galinsky A D, Dubois D. Power and consumer behavior: How power shapes who and what consumers value ［J］. Journal of Consumer Psychology, 2012, 22 (3): 352-368.

［188］ Rucker D D, Galinsky A D. The agentic–communal model of power: Implications for consumer behavior ［J］. Current Opinion in Psychology, 2016, 10: 1-5.

［189］ Rugimbana R, Donahay B, Neal C, et al. The role of social power relations in gift giving on Valentine's Day ［J］. Journal of Consumer Behaviour: An International Research Review, 2003, 3 (1): 63-73.

［190］ Ruth J A, Brunel F F, Otnes C C. An investigation of the power of emotions in relationship realignment: The gift recipient's perspective ［J］. Psychology and Marketing, 2004, 21 (1): 29-52.

［191］ Ruth J A, Otnes C C, Brunel F F. Gift receipt and the reformulation of interpersonal relationships ［J］. Journal of Consumer Research, 1999, 25 (4): 385-402.

［192］ Ruth J A. It's the feeling that counts: Toward an understanding of emotion and its influence on gift-exchange processes ［J］. Gift-giving: A research anthology, 1996: 195-214.

［193］ Savani K, Markus H R, Conner A L. Let your preference be your guide? Preferences and choices are more tightly linked for North Americans than for Indians ［J］. Journal of Personality and Social Psychology, 2008, 95 (4): 861.

［194］ Savitsky K, Epley N, Gilovich T. Do others judge us as harshly as we think? Overestimating the impact of our failures, shortcomings, and mishaps ［J］. Journal of Personality and Social Psychology, 2001, 81 (1): 44.

［195］ Schoormans J P L, Robben H S J. The effect of new package design on product attention, categorization and evaluation ［J］. Journal of Economic Psychology, 1997, 18 (2-3): 271-287.

[196] Schucker R E. An evaluation of methods for measuring consumer reactions to retail packages [D]. Purdue University, 1959.

[197] Schwartz B. The social psychology of the gift [J]. American Journal of Sociology, 1967, 73 (1): 1-11.

[198] Schwepker Jr C H, Cornwell T B. An examination of ecologically concerned consumers and their intention to purchase ecologically packaged products [J]. Journal of Public Policy and Marketing, 1991, 10 (2): 77-101.

[199] Septianto F, Nallaperuma K, Bandyopadhyay A, et al. Proud powerful, grateful powerless: the interactive effect of power and emotion on gift giving [J]. European Journal of Marketing, 2020.

[200] Sharma E, Alter A L. Financial deprivation prompts consumer to seek scarce goods [J]. Journal of Consumer Research, 2012, 39 (3): 545-560.

[201] Sherry Jr J F, McGrath M A, Levy S J. The dark side of the gift [J]. Journal of Business Research, 1993, 28 (3): 225-244.

[202] Sherry Jr J F. Gift giving in anthropological perspective [J]. Journal of Consumer Research, 1983, 10 (2): 157-168.

[203] Shurmer P. The gift game [J]. New Society, 1971, 18 (482): 1242-1244.

[204] Siegrist M, Cvetkovich G, Gutscher H. Risk preference predictions and gender stereotypes [J]. Organizational Behavior and Human Decision Processes, 2002, 87 (1): 91-102.

[205] Simon, Herbert A. Models of Man [M]. New York: Wiley, 1957.

[206] Singelis T M. The measurement of independent and interdependent self-construal [J]. Personality and Social Psychology Bulletin, 1994, 20 (5): 580-591.

［207］ Snyder C R. Product scarcity by need for uniqueness interaction: A consumer catch-22 carousel? ［J］. Basic and Applied Social Psychology, 1992, 13 (1): 9-24.

［208］ Solnick S J, Hemenway D. The deadweight loss of Christmas: Comment ［J］. The American Economic Review, 1996, 86 (5): 1299-1305.

［209］ Spencer, L. NPR. The history of gift wrap. Retrieved from https: // www. npr. org/2017/12/23/573217009/, 2017.

［210］ Steffel M, Le Boeuf R A. Overindividuation in gift giving: Shopping for multiple recipients leads givers to choose unique but less preferred gifts ［J］. Journal of Consumer Research, 2014, 40 (6): 1167-1180.

［211］ Steffel M, Leboeuf R A. Social comparison in decisions for others: Considering multiple gift recipients leads to over - individuated and less liked gifts ［J］. Journal of Consumer Research, 2014, 40 (6): 1167-1180.

［212］ Steffel M, Williams E F, LeBoeuf R A. Overly specific gift giving: Givers choose personalized but less-versatile and less-preferred gifts ［J］. ACR North American Advances, 2015.

［213］ Stewart B. Packaging as an effective marketing tool ［M］. CRC Press, 1995.

［214］ Stinson L, Ickes W. Empathic accuracy in the interactions of male friends versus male strangers ［J］. Journal of Personality and Social Psychology, 1992, 62 (5): 787.

［215］ Stokes R C. The effects of price, package design, and brand familiarity on perceived quality ［J］. Perceived Quality: How Consumers View Stores and Merchandise, 1985, 233-246.

［216］ Stone E R, Allgaier L. A social values analysis of self-other differences in decision making involving risk ［J］. Basic and Applied Social Psychology,

2008, 30 (2): 114-129.

[217] Stone E R, Yates A J, Caruthers A S. Risk taking in decision making for others versus the self [J]. Journal of Applied Social Psychology, 2002, 32 (9): 1797-1824.

[218] Taute H A, Sierra J J. An examination of emotional information management in gift giving and receipt [J]. Psychology and Marketing, 2015, 32 (2): 203-218.

[219] Teigen K H, Olsen M V G, Solås O E. Giver-receiver asymmetries in gift preferences [J]. British Journal of Social Psychology, 2005, 44 (1): 125-144.

[220] Tourtellot G, Sabloff J A. Exchange systems among the ancient Maya [J]. American Antiquity, 1972, 126-135.

[221] Trafimow D, Triandis H C, Goto S G. Some tests of the distinction between the private self and the collective self [J]. Journal of Personality and Social Psychology, 1991, 60 (5): 649.

[222] Triandis H C. The self and social behavior in differing cultural contexts [J]. Psychological Review, 1989, 96 (3): 506.

[223] Tu Y, Shaw A, Fishbach A. The friendly taking effect: How interpersonal closeness leads to seemingly selfish yet jointly maximizing choice [J]. Journal of Consumer Research, 2016, 42 (5): 669-687.

[224] Ubel P A, Angott A M, Zikmund-Fisher B J. Physicians recommend different treatments for patients than they would choose for themselves [J]. Archives of internal Medicine, 2011, 171 (7): 630-634.

[225] Underwood R L, Klein N M. Packaging as brand communication: Effects of product pictures on consumer responses to the package and brand [J]. Journal of Marketing Theory and Practice, 2002, 10 (4): 58-68.

[226] Van Boven L, Gilovich T. To do or to have? That is the question [J] . Journal of Personality and Social Psychology, 2003, 85 (6): 1193.

[227] Verhallen T M M, Robben H S J. Scarcity and preference: An experiment on unavailability and product evaluation [J] . Journal of Economic Psychology, 1994, 15 (2): 315-331.

[228] Waldfogel J. The deadweight loss of Christmas [J] . The American Economic Review, 1993, 83 (5): 1328-1336.

[229] Wang L, You Y, Yang C M. Restrained by resources: The effect of scarcity cues and childhood socioeconomic status (SES) on consumer preference for feasibility [J] . International Journal of Research in Marketing, 2020.

[230] Wang Q. Culture effects on adults' earliest childhood recollection and self – description: Implications for the relation between memory and the self [J] . Journal of Personality and Social Psychology, 2001, 81 (2): 220.

[231] Wansink B. Can package size accelerate usage volume? [J] . Journal of Marketing, 1996, 60 (3): 1-14.

[232] Ward M K, Broniarczyk S M. Ask and you shall (not) receive: Close friends prioritize relational signaling over recipient preferences in their gift choices [J] . Journal of Marketing Research, 2016, 53 (6): 1001-1018.

[233] Ward M K, Broniarczyk S M. It's not me, it's you: How gift giving creates giver identity threat as a function of social closeness [J] . Journal of Consumer Research, 2011, 38 (1): 164-181.

[234] Weisfeld-Spolter S, RippéC. B, Gould S. Impact of giving on self and impact of self on giving [J] . Psychology and Marketing, 2015, 32 (1): 1-14.

[235] Wigley S, Chiang C L R. Retail internationalization in practice: Per una in the UK and Taiwan [J] . International Journal of Retail and Distribution Management, 2009, 37 (3): 250-270.

[236] Williams E, Rosenzweig E. Sometimes it's okay to give a blender: Giver and recipient preferences for hedonic and utilitarian gifts [J]. ACR North American Advances, 2017.

[237] Wolfinbarger M F, Yale L J. Three motivations for interpersonal gift giving: Experiential, obligated and practical motivations [J]. ACR North American Advances, 1993.

[238] Wooten D B. Qualitative steps toward an expanded model of anxiety in gift-giving [J]. Journal of Consumer Research, 2000, 27 (1): 84-95.

[239] Wray L D, Stone E R. The role of self-esteem and anxiety in decision making for self versus others in relationships [J]. Journal of Behavioral Decision Making, 2005, 18 (2): 125-144.

[240] Wu C, Hsing S. Less is more: How scarcity influences consumers' value perceptions and purchase intents through mediating variables [J]. Journal of American Academy of Business, 2006, 9 (2): 125-132.

[241] Wu E C, Cutright K M, Fitzsimons G J. How asking "who am I?" affects what consumers buy: The influence of self-discovery on consumption [J]. Journal of Marketing Research, 2011, 48 (2): 296-307.

[242] Wu L, Lee C. Limited edition for me and best seller for you: The impact of scarcity versus popularity cues on self versus other-purchase behavior [J]. Journal of Retailing, 2016, 92 (4): 486-499.

[243] Yang A X, Urminsky O. Smile-seeking givers and value-seeking recipients: Why gift choices and recipient preferences diverge [J]. Available at SSRN 2733341, 2015.

[244] Yang A X, Urminsky O. The smile-seeking hypothesis: How immediate affective reactions motivate and reward gift giving [J]. Psychological Science, 2018, 29 (8): 1221-1233.

[245] Yang S, Raghubir P. Can bottles speak volumes? The effect of package shape on how much to buy [J]. Journal of Retailing, 2005, 81 (4): 269-281.

[246] Yang Y, Galak J. Sentimental value and its influence on hedonic adaptation [J]. Journal of Personality and Social Psychology, 2015, 109 (5): 767.

[247] Yang Y, Paladino A. The case of wine: Understanding Chinese gift-giving behavior [J]. Marketing Letters, 2015, 26 (3): 335-361.

[248] Yeh M, Larasati A. Giver-centric or recipient-centric? The role of self-construal in gift-giving [J]. Winter AMA Proceedings, 2018.

[249] Yoo J, Park M. The effects of e-mass customization on consumer perceived value, satisfaction, and loyalty toward luxury brands [J]. Journal of Business Research, 2016, 69 (12): 5775-5784.

[250] Zeelenberg M, Pieters R. A theory of regret regulation 1. 0 [J]. Journal of Consumer Psychology, 2007, 17 (1), 3-18.

[251] Zeithaml V A. Consumer perceptions of price, quality, and value: A means-end model and synthesis of evidence [J]. Journal of Marketing, 1988, 52 (3): 2-22.

[252] Zhang Y, Epley N. Exaggerated, mispredicted, and misplaced: When "it's the thought that counts" in gift exchanges [J]. Journal of Experimental Psychology: General, 2012, 141 (4): 667.

[253] Zhang Y, Epley N. Self-centered social exchange: Differential use of costs versus benefits in prosocial reciprocity [J]. Journal of Personality and Social Psychology, 2009, 97 (5): 796.

[254] Zhang Y, Shrum L J. The influence of self-construal on impulsive consumption [J]. Journal of Consumer Research, 2009, 35 (5): 838-850.

[255] Zhu M, Ratner R K. Scarcity polarizes preferences: The impact on choice among multiple items in a product class [J]. Journal of Marketing Research,

2015, 52 (1): 13-26.

[256] Zhu R, Meyers-Levy J. The influence of self-view on context effects: How display fixtures can affect product evaluations [J]. Journal of Marketing Research, 2009, 46 (1): 37-45.

[257] Zikmund-Fisher B J, Sarr B, Fagerlin A, et al. A matter of perspective: Choosing for others differs from choosing for yourself in making treatment decisions [J]. Journal of General Internal Medicine, 2006, 21 (6): 618-622.

[258] 白琳. 国外消费者自我赠礼研究进展探析 [J]. 外国经济与管理, 2012, 34 (10): 67-73.

[259] 毕振威. 人际关系视角下的送礼行为研究 [D]. 中北大学, 2013.

[260] 陈艺妮, 金晓彤, 赵亮. 中国文化价值观对礼物馈赠行为的影响研究 [J]. 科学决策, 2014, 4 (4): 21-33.

[261] 丛日飞. 情侣关系中礼物形象一致性的前因及其对礼物收送体验的影响研究 [D]. 中国科学技术大学, 2018.

[262] 官欣悦, 万萱. 礼品内包装的"形"与"情"设计研究 [J]. 包装工程, 2020.

[263] 郭智勇. 礼品包装的情感定位设计研究 [D]. 南昌大学, 2006.

[264] 江红艳, 许梦梦, 陈红, 等. 中国文化背景下权力感对送礼行为的影响: 关系取向的调节作用 [J]. 管理评论, 2019, 31 (3): 166-177.

[265] 蒋廉雄, 卢泰宏, 邹璐. 消费者礼品购买决策: 关系取向抑或动机驱动 [J]. 中山大学学报 (社会科学版), 2007, 47 (5): 117-123.

[266] 李达军. 礼物包装美感对收礼人满意度的影响研究 [D]. 清华大学, 2020.

[267] 李飞, 任莹, 衡量. 去营销战略 [J]. 清华管理评论, 2018.

[268] 李开云, 王思杰, 杨蕙菁, 等. "己之所欲"还是"成人之美"?

解释水平视角下个体赠送—接受礼物的偏好不对称性［J］．心理与行为研究，2020，18（1）：136-144.

［269］邵衡．自我披露，还是投其所好？情侣送礼中关系化因素对礼物满意度影响研究［D］．中国科学技术大学，2018.

［270］沈黎明，金国斌，顾祖莉．商品包装过度化及其对策研究［J］．包装工程，2004，25（5）：50-57.

［271］汤婷．赠礼情境下仪式感知对礼品评价的影响研究［D］．湖南大学，2017.

［272］王海忠，秦深，刘笛．奢侈品品牌标识显著度决策：张扬还是低调——自用和送礼情形下品牌标识显著度对购买意愿的影响机制比较［J］．中国工业经济，2012（11）：148-160.

［273］王姣．礼品包装设计中的情感化研究［D］．武汉工程大学，2018.

［274］王思杰．解释水平视角下大学生赠送—接受礼物的偏好不对称性［D］．济南大学，2018.

［275］王细，段锦云，田晓明．送礼何以盛行？送礼行为影响因素和理论解释［J］．心理技术与应用，2020，8（9）：569.

［276］叶生洪，吴国彬．赠礼情境下礼品品牌形象对购买意愿的影响研究［J］．消费经济，2016，32（4）：61-67.

［277］张源雄．面子观与社会交往中赠礼行为的关系研究［D］．上海交通大学，2011.

［278］张喆，张知为．赠礼情境下自我构念对品牌显著度偏好的影响［J］．复旦学报（自然科学版），2013（2）：152-159.

［279］钟琦．网络直播送礼行为研究［D］．深圳大学，2018.

附录　实验材料

一、实验 1a 的实验材料

【礼物接收者】现在请您想象，您是红酒爱好者，在刚刚过去的您的生日中，有两个朋友恰好给您送了红酒（如下图所示）。

【礼物赠送者】您的一位朋友快过生日了，您得知他/她是红酒爱好者，就打算送他/她一瓶红酒，经过搜索，您将目标锁定在了以下两款红酒（如下图）：

红酒A	红酒B
750毫升	750毫升
总价格（含包装）：198元	总价格（含包装）：198元
产地：法国	产地：法国
年份：2010年	年份：2010年

这两款红酒体积相同、产地相同、年份相同、口感类似、商品总价格（含包装）也相同，但是包装却完全不同。红酒 A 仅使用一个大小适中的、简单的牛皮纸袋子作为包装，红酒 B 使用了一个体积较大、耗材较多、包装较奢华的木头盒子作为包装。

请根据以上情境和两种红酒的信息，按照自己的真实想法作答如下问题：

1.【仅礼物赠送者作答】作为赠送礼物的人，你在多大程度上会选择红酒 A？

非常不可能	2	3	4	5	6	非常可能
1						

2.【仅礼物赠送者作答】作为赠送礼物的人，你在多大程度上会选择红酒 B？

非常不可能	2	3	4	5	6	非常可能
1						

3.【仅礼物赠送者作答】你在多大程度上推测礼物接收者会赞赏该礼物（A 或 B）？

一点也不	2	3	4	5	6	非常
1						

4.【仅礼物赠送者作答】你在多大程度上推测礼物接收者会对该礼物（A 或 B）感到感激？

一点也不	2	3	4	5	6	非常
1						

5.【仅礼物赠送者作答】你在多大程度上推测礼物接收者会对该礼物（A

或 B）感到感谢？

一点也不	2	3	4	5	6	非常
1						

6.【仅礼物赠送者作答】你在多大程度上推测礼物接收者会对收到该礼物（A 或 B）感到高兴？

一点也不	2	3	4	5	6	非常
1						

7.【仅礼物接收者作答】你在多大程度上赞赏该礼物（A 或 B）？

一点也不	2	3	4	5	6	非常
1						

8.【仅礼物接收者作答】你在多大程度上对该礼物（A 或 B）感到感激？

一点也不	2	3	4	5	6	非常
1						

9.【仅礼物接收者作答】你在多大程度上对该礼物（A 或 B）感到感谢？

一点也不	2	3	4	5	6	非常
1						

10.【仅礼物接收者作答】你在多大程度上对收到该礼物（A 或 B）感到高兴？

一点也不	2	3	4	5	6	非常
1						

11. 你对红酒 A 的态度如何？

	1	2	3	4	5	6	7	
不满意的								满意的
消极的								积极的
坏的								好的
不喜欢的								喜欢的

12. 你对红酒 B 的态度如何?

	1	2	3	4	5	6	7	
不满意的								满意的
消极的								积极的
坏的								好的
不喜欢的								喜欢的

13. 你认为红酒 A 的价值如何?

非常低	2	3	4	5	6	非常高
1						

14. 你认为红酒 B 的价值如何?

非常低	2	3	4	5	6	非常高
1						

15. 你认为红酒 A 包装的精美程度如何?

非常不精美	2	3	4	5	6	非常精美
1						

16. 你认为红酒 B 包装的精美程度如何?

非常不精美	2	3	4	5	6	非常精美
1						

17. 你在多大程度上同意红酒 A 的包装属于过度包装？

非常不同意	2	3	4	5	6	非常同意
1						

18. 你在多大程度上同意红酒 B 的包装属于过度包装？

非常不同意	2	3	4	5	6	非常同意
1						

19. 你的性别？（1＝男，2＝女）

20. 你的年龄？＿＿＿＿

二、实验 1b 的实验材料

【礼物接收者】在刚刚过去的您的生日中，有位朋友给您送了一款茶——正山小种私房茶。

【礼物赠送者】您的一位朋友快过生日了，您打算送他/她一款茶叶，经过搜索，您将目标锁定在了下面这款茶——正山小种私房茶。

【非过度包装】该茶叶装在一个非常简易的牛皮纸包装袋子里。

品种：××××私房茶

产地：×××××

茶叶净重：1000克

商品总价格（含包装）：199元

包装：简易牛皮纸包装

【过度包装】该茶叶装在一个体积较大、耗材较多、包装较奢华的木制盒子里，外面还有个手提袋。

品种：××××私房茶

产地：×××××

茶叶净重：1000克

商品总价格（含包装）：199元

包装：超大超奢华包装

通过包装信息他们可以看到该茶叶产地为福建武夷山，茶叶净重为1000克，总价格（含包装）为199元。

1. 你对该礼物的态度如何？

	1	2	3	4	5	6	7	
不满意的								满意的
消极的								积极的
坏的								好的
不喜欢的								喜欢的

2. 【仅礼物赠送者作答】你在多大程度上推测礼物接收者会赞赏该礼物？

一点也不	2	3	4	5	6	非常
1						

3. 【仅礼物赠送者作答】你在多大程度上推测礼物接收者会对该礼物感到感激？

一点也不	2	3	4	5	6	非常
1						

4. 【仅礼物赠送者作答】你在多大程度上推测礼物接收者会对该礼物感到感谢？

一点也不	2	3	4	5	6	非常
1						

5.【仅礼物赠送者作答】你在多大程度上推测礼物接收者会对收到该礼物感到高兴？

一点也不	2	3	4	5	6	非常
1						

6.【仅礼物接收者作答】你在多大程度上赞赏该礼物？

一点也不	2	3	4	5	6	非常
1						

7.【仅礼物接收者作答】你在多大程度上对该礼物感到感激？

一点也不	2	3	4	5	6	非常
1						

8.【仅礼物接收者作答】你在多大程度上对该礼物感到感谢？

一点也不	2	3	4	5	6	非常
1						

9.【仅礼物接收者作答】你在多大程度上对收到该礼物感到高兴？

一点也不	2	3	4	5	6	非常
1						

10. 你觉得该礼物的价值如何？

非常低	2	3	4	5	6	非常高
1						

11. 你认为该礼物包装的精美程度如何？

非常不精美	2	3	4	5	6	非常精美
1						

12. 你在多大程度上同意该礼物的包装属于过度包装？

非常不同意	2	3	4	5	6	非常同意
1						

13. 你的性别？（1 = 男，2 = 女）

14. 你的年龄？＿＿＿

三、实验 2 的实验材料

请您想象在您刚刚过去的生日中，您收到了一位朋友送的礼物，该礼物是一支钢笔。

【非过度包装】该钢笔装在一个大小适中、较为简易的包装盒里。

【过度包装】该钢笔装在一个体积较大、耗材较多、包装过于华丽的包装盒里。

经过查询，这支钢笔在某网站的售价是 99 元，打开包装试用一番后，您发现它书写起来笔尖顺滑，手感较好。

1. 你对该礼物的态度如何？

	1	2	3	4	5	6	7	
不满意的								满意的
消极的								积极的
坏的								好的
不喜欢的								喜欢的

2. 你在多大程度上赞赏该礼物？

一点也不	2	3	4	5	6	非常
1						

3. 你在多大程度上对该礼物感到感激？

一点也不	2	3	4	5	6	非常
1						

4. 你在多大程度上对该礼物感到感谢？

一点也不	2	3	4	5	6	非常
1						

5. 你在多大程度上对收到该礼物感到高兴?

一点也不	2	3	4	5	6	非常
1						

6. 你在多大程度上认为礼物赠送者选择该礼物是深思熟虑的?

一点也不	2	3	4	5	6	非常
1						

7. 你在多大程度上认为礼物赠送者选择该礼物是考虑周到的?

一点也不	2	3	4	5	6	非常
1						

8. 你在多大程度上认为礼物赠送者选择该礼物时把您的需要考虑在内了?

一点也不	2	3	4	5	6	非常
1						

9. 你在多大程度上认为礼物赠送者选择该礼物时真正考虑了您的需要?

一点也不	2	3	4	5	6	非常
1						

10. 你觉得该礼物的价值如何?

非常低	2	3	4	5	6	非常高
1						

11. 你认为该礼物包装的精美程度如何?

非常不精美	2	3	4	5	6	非常精美
1						

12. 你在多大程度上同意该礼物的包装属于过度包装?

非常不同意	2	3	4	5	6	非常同意
1						

13. 你的性别?(1=男,2=女)

14. 你的年龄? ____

四、实验3的实验材料

【正式的仪式场合】礼尚往来已经成为社会交往的常态,在各类传统节日中,如中秋节、圣诞节和春节,人们通常通过赠送礼物来表达节日的问候。现在请您想象,最近您的一个朋友来到您所在的城市出差,顺便过来看看您,恰好当时正值感恩节,为了表达节日的问候,他/她给您带了一份礼物,该礼物是一支钢笔。

【自发性的场合】礼尚往来已经成为社会交往的常态,除传统的节日外,在平时,出于个人目的,人们也会通过赠送礼物来表达问候。现在请您想象,最近您的一个朋友到您所在的城市出差,顺便过来看看您,为了表达问候,他/她给您带了一份礼物,该礼物是一支钢笔。

【非过度包装】该钢笔装在一个大小适中、较为简易的包装盒里。

【过度包装】该钢笔装在一个体积较大、耗材较多、包装过于华丽的包装盒里。

经过查询，这支钢笔在某网站的售价是 99 元，打开包装试用一番后，您发现它书写起来笔尖顺滑，手感较好。

1. 你对该礼物的态度如何？

	1	2	3	4	5	6	7	
不满意的								满意的
消极的								积极的
坏的								好的
不喜欢的								喜欢的

2. 你在多大程度上赞赏该礼物？

一点也不	2	3	4	5	6	非常
1						

3. 你在多大程度上对该礼物感到感激？

一点也不	2	3	4	5	6	非常
1						

4. 你在多大程度上对该礼物感到感谢？

一点也不	2	3	4	5	6	非常
1						

5. 你在多大程度上对收到该礼物感到高兴？

一点也不	2	3	4	5	6	非常
1						

6. 你认为该礼物包装的精美程度如何？

非常不精美	2	3	4	5	6	非常精美
1						

7. 你在多大程度上同意该礼物的包装属于过度包装？

非常不同意	2	3	4	5	6	非常同意
1						

8. 你的性别？（1＝男，2＝女）

9. 你的年龄？＿＿＿＿

五、实验 4 的实验材料

【关系亲密】请您写下一个和您关系亲密的朋友的名字，所谓关系亲密的朋友是被您视作密友，而且又经常见面的朋友＿＿＿＿＿＿＿＿。

现在请您写下五句话来描述你们之间的关系，这些句子请以"我们开头"，例如"我们是在学校认识的。"

【关系疏远】请您写下一个和您关系疏远的朋友的名字，所谓关系疏远的朋友是指虽然和您经常见面，但是关系不亲密的朋友＿＿＿＿＿＿＿＿。

现在请您写下五句话来描述你们之间的关系，这些句子请以"他/她和我开头"，例如"他/她和我是在学校认识的。"

接下来，请您想象，您的生日就要到了，刚才写下名字的这位朋友给您送了一款正山小种私房茶。

【非过度包装】该茶叶装在一个非常简易的牛皮纸包装袋子里。

品种：××××私房茶

产地：×××××

茶叶净重：1000克

商品总价格（含包装）：199元

包装：简易牛皮纸包装

【过度包装】该茶叶装在一个体积较大、耗材较多、包装较奢华的木制盒子里，外面还有个手提袋。

品种：××××私房茶

产地：×××××

茶叶净重：1000克

商品总价格（含包装）：199元

包装：超大超奢华包装

通过包装信息他们可以看到该茶叶产地为福建武夷山，茶叶净重为1000克，总价格（含包装）为199元。

1. 你对该礼物的态度如何？

	1	2	3	4	5	6	7	
不满意的								满意的
消极的								积极的
坏的								好的
不喜欢的								喜欢的

2. 你在多大程度上赞赏该礼物？

一点也不	2	3	4	5	6	非常
1						

3. 你在多大程度上对该礼物感到感激？

一点也不	2	3	4	5	6	非常
1						

4. 你在多大程度上对该礼物感到感谢？

一点也不	2	3	4	5	6	非常
1						

5. 你在多大程度上对收到该礼物感到高兴？

一点也不	2	3	4	5	6	非常
1						

6. 请回忆在开头写下的那位朋友的名字，然后对你们彼此关系的亲密程度作出评价。

	1＝非常不同意	2	3	4	5	6	7＝非常同意
我们是非常亲密的朋友							
我们的关系对于我来说不重要							
我们非常了解彼此							

7. 你在多大程度上期望从该朋友那里获得礼物？

一点也不期望	2	3	4	5	6	非常期望
1						

8. 你在多大程度上同意该礼物的包装属于过度包装？

非常不同意	2	3	4	5	6	非常同意
1						

9. 你的性别？（1＝男，2＝女）

10. 你的年龄？＿＿＿＿

六、实验 5 的实验材料

现在请您想象，您的生日就要到了，您的一位好友为此送来了一份礼物。该礼物是一瓶红酒，750 毫升，产地法国，年份是 2010 年，经查询该红酒某网站含包装售价为 198 元，品尝过后您觉得该红酒口感较好。

【非过度包装】该红酒装在一个大小适中、非常简易的牛皮纸袋子里。

【过度包装】该红酒装在一个体积较大、耗材较多、包装较为奢华的木头盒子里。

1. 你对该礼物的态度如何?

	1	2	3	4	5	6	7	
不满意的								满意的
消极的								积极的
坏的								好的
不喜欢的								喜欢的

2. 你在多大程度上赞赏该礼物?

一点也不	2	3	4	5	6	非常
1						

3. 你在多大程度上对该礼物感到感激?

一点也不	2	3	4	5	6	非常
1						

4. 你在多大程度上对该礼物感到感谢?

一点也不	2	3	4	5	6	非常
1						

5. 你在多大程度上对收到该礼物感到高兴？

一点也不	2	3	4	5	6	非常
1						

6. 非常感谢您之前的认真回复。现在您将进行一个与任务一完全不同的任务，我们想要了解一些关于您的信息，答案没有对错之分，请您依据自身情况对以下每个句子作出同意程度的评价，1 为非常不同意，4 为中立，7 为非常同意。

	1	2	3	4	5	6	7
我尊重我所交往的权威人物							
对我来说维护集体的和谐很重要							
周围人的快乐就是我的快乐							
乘车时我会主动为老师让座							
我尊重那些谦虚的人							
为了集体的利益，我会牺牲自己的利益							
我经常感到保持良好的人际关系比我自己取得的成绩更重要							
当制定教育/职业计划时我应该考虑我父母的建议							
对我来说尊重集体的决定很重要							
如果我所在的群体需要我，即使我待得不开心，我也仍会留在那里							
如果兄弟姐妹遇到挫折，我觉得我有责任帮助他/她							
即使我的观点与集体成员的不一致，我也会避免争论							
与其被误解，不如直截了当地说出自己的想法							
在课堂上发言对我来说不成问题							
对我来说保持活跃的想象力很重要							
当我被单独表扬或者奖励的时候，我感到舒服							
我在家里和学校里的表现始终如一							
对我来说我主要关心的是能照顾好我自己							
不管和谁在一起我的表现始终如一							

续表

	1	2	3	4	5	6	7
当见到相识不久的人时，我很自然地直呼其名，即使他们的年龄比我大得多							
与刚认识的人交往时，我喜欢直截了当							
我很享受在许多方面与众不同							
独立于他人的个性特点对我来说是非常重要的							
我认为健康是最重要的							

7. 你平时喜欢喝红酒吗？

非常不喜欢	2	3	4	5	6	非常喜欢
1						

8. 你在多大程度上同意该礼物的包装属于过度包装？

非常不同意	2	3	4	5	6	非常同意
1						

9. 你的性别？（1＝男，2＝女）

10. 你的年龄？＿＿＿＿

七、实验 6 的实验材料

您的生日就要到了，您的一位好友送了您一份生日礼物。该礼物是一个马克杯，您之前在网上购物的时候无意间看到过这款马克杯，于是经过一番搜索，您找到了这款马克杯的介绍。该马克杯售价 129 元，从以往的买家评论中您得知该马克杯质量较好，宝贝评价均分为 4.7 分（5 分满）。

【稀缺性礼物】从产品的描述中，您还得知该马克杯出自一个著名的陶艺作家，是一款限量版的马克杯，全国限量发售 1000 只，售完后不会继续生产。

【流行性礼物】从产品的描述中，您还得知该马克杯最近特别流行，销量异常火爆，位居某网站马克杯类销量排行榜前三名，87%想买马克杯的消费者最终都买了这款马克杯。

【非过度包装】该马克杯装在一个大小适中、比较简易的纸盒里。

【过度包装】该马克杯装在一个体积较大、耗材较多、较为奢华的包装盒里。

1. 你对该礼物的态度如何？

	1	2	3	4	5	6	7	
不满意的								满意的
消极的								积极的
坏的								好的
不喜欢的								喜欢的

2. 你在多大程度上赞赏该礼物?

一点也不	2	3	4	5	6	非常
1						

3. 你在多大程度上对该礼物感到感激?

一点也不	2	3	4	5	6	非常
1						

4. 你在多大程度上对该礼物感到感谢?

一点也不	2	3	4	5	6	非常
1						

5. 你在多大程度上对收到该礼物感到高兴?

一点也不	2	3	4	5	6	非常
1						

6. 你认为该礼物包装的精美程度如何?

非常不精美	2	3	4	5	6	非常精美
1						

7. 你认为该礼物的价值如何?

非常低	2	3	4	5	6	非常高
1						

8. 你在多大程度上觉得该礼物是稀缺的?

非常不稀缺	2	3	4	5	6	非常稀缺
1						

9. 你在多大程度上同意该礼物的包装属于过度包装？

非常不同意	2	3	4	5	6	非常同意
1						

10. 你的性别？（1＝男，2＝女）

11. 你的年龄？＿＿＿＿

八、实验 7 的实验材料

现在请您想象，春节就要到了，您的一位好友为了表达节日的问候给您送了一份礼物。该礼物是一款运动手表，您之前在网上购物的时候无意间看到过这款手表，于是经过一番搜索，您找到了这款手表的介绍。该手表售价 269 元，从以往买家的评论中您得知该手表在功能设计和质量方面均表现良好，宝贝评价均分为 4.6 分（5 分满）。

【定制化礼物】这位朋友选择送您运动手表是因为他/她观察到您平时比较喜欢跑步，经常在朋友圈里打卡自己的跑步记录，所以就给您挑选了一款运动手表作为礼物。

【非定制化礼物】空

【非过度包装】该手表装在一个大小适中、比较简易的包装盒里。

【过度包装】该手表装在一个体积较大、耗材较多、较为奢华的包装盒里。

1. 你对该礼物的态度如何？

	1	2	3	4	5	6	7	
不满意的								满意的
消极的								积极的
坏的								好的
不喜欢的								喜欢的

2. 你在多大程度上赞赏该礼物？

一点也不	2	3	4	5	6	非常
1						

3. 你在多大程度上对该礼物感到感激？

一点也不	2	3	4	5	6	非常
1						

4. 你在多大程度上对该礼物感到感谢？

一点也不	2	3	4	5	6	非常
1						

5. 你在多大程度上对收到该礼物感到高兴？

一点也不	2	3	4	5	6	非常
1						

6. 你认为该礼物包装的精美程度如何？

非常不精美	2	3	4	5	6	非常精美
1						

7. 你认为该礼物的价值如何？

非常低	2	3	4	5	6	非常高
1						

8. 你在多大程度上同意该礼物是为你量身定制的？

非常不同意	2	3	4	5	6	非常同意
1						

9. 你平时喜欢跑步吗？

非常不喜欢	2	3	4	5	6	非常喜欢
1						

10. 你在多大程度上同意该礼物的包装属于过度包装？

非常不同意	2	3	4	5	6	非常同意
1						

11. 你的性别？（1＝男，2＝女）

12. 你的年龄？＿＿＿＿

九、实验 8 的实验材料

【具有情感价值属性的礼物】现在请您想象，您的生日就要到了，您的一位好友送了您一份生日礼物。该礼物是您和好友几年前在大学毕业典礼上拍的照片，照片被打印出来装裱在一个相框里。看到这张照片立刻勾起了您对美好大学时光的怀念。

【不具有情感价值属性的礼物】现在请您想象，您的生日就要到了，您的一位好友送了您一份生日礼物。该礼物是一个相框，方便您平时装裱照片。

【非过度包装】该礼物装在一个大小适中、比较简易的纸盒里。

【过度包装】该礼物装在一个体积较大、耗材较多、较为奢华的包装盒里。

1. 你对该礼物的态度如何？

	1	2	3	4	5	6	7	
不满意的								满意的
消极的								积极的
坏的								好的
不喜欢的								喜欢的

2. 你在多大程度上赞赏该礼物？

一点也不	2	3	4	5	6	非常
1						

3. 你在多大程度上对该礼物感到感激？

一点也不	2	3	4	5	6	非常
1						

4. 你在多大程度上对该礼物感到感谢？

一点也不	2	3	4	5	6	非常
1						

5. 你在多大程度上对收到该礼物感到高兴？

一点也不	2	3	4	5	6	非常
1						

6. 你认为该礼物的价值如何？

非常低	2	3	4	5	6	非常高
1						

7. 你在多大程度上同意该礼物是具有情感价值的？

非常不同意	2	3	4	5	6	非常同意
1						

8. 你在多大程度上同意该礼物的包装属于过度包装？

非常不同意	2	3	4	5	6	非常同意
1						

9. 你的性别？（1＝男，2＝女）

10. 你的年龄？＿＿＿